Vorwort

W0414968

Führende Repräsentanten des jungen Sowjetstaates wie Karl Radek und Georgij V. Čičerin haben frühzeitig auf einen charakteristischen Wesenszug sowjetischer Außenpolitik aufmerksam gemacht: Der aus der Oktoberrevolution von 1917 hervorgegangene Staat verstand sich nicht nur als eine neue Verkörperung des Russischen Reiches mit all seinen politisch, ökonomisch oder geographisch bedingten legitimen Interessen und traditionellen Konflikten, sondern darüber hinaus schon bald auch als das Zentrum einer kommunistischen Weltbewegung mit messianischem Anspruch. Über fünfzig Jahre außenpolitischer Aktivität im Spannungsfeld zwischen weltrevolutionärem Engagement und nationaler Interessenvertretung haben nicht nur eine zunehmende Verlagerung des Schwerpunktes Moskauer Außenpolitik hin zum „russischen Erbe im Sowjetsystem" bewirkt, sondern der Führungsmacht des Warschauer Paktes auch die Position einer Weltmacht ersten Ranges verschafft.

Es ist das Ziel dieses ersten von zwei Sammelbänden, den internationalen Weg der Sowjetunion vom nicht gerade wohlgelittenen Neuling im europäischen Mächtekonzert am Ende des Ersten Weltkrieges zu einem der bestimmenden Faktoren der Weltpolitik am Ende des Zweiten Weltkrieges anhand ausgewählter Dokumente zu begleiten. Trotz der Problematik eines jeden Periodisierungsversuches erschien es sinnvoll, vier Phasen sowjetischer Außenpolitik zu unterscheiden: 1. die im Zeichen weltrevolutionärer Erwartungen stehende Anfangsphase; 2. die gemeinhin vom Abschluß des britisch-sowjetischen Handelsabkommens im Jahre 1921 datierte Etappe der Normalisierung im Verhältnis Sowjetrußlands zu den westeuropäischen Staaten; 3. der mit der Person des Volkskommissars Maksim M. Litvinov untrennbar verbundene Versuch außenpolitischer Aktivität im Zeichen der „kollektiven Sicherheit"; 4. die durch die Bindung der Sowjetunion an das „Dritte Reich" bzw. an die „Anti-Hitler-Koalition" bestimmte Etappe, die der UdSSR im Verlaufe des „Großen Vaterländischen Krieges" den Aufstieg zur Weltmacht eröffnete.

Die chronologisch angeordnete Dokumentation kann und will eine ausgewogene Darstellung zur Geschichte der sowjetischen Außenpolitik zwischen den Epochenjahren 1917 und 1945 nicht ersetzen. Ihr Zweck ist erfüllt, wenn sie zur Benutzung weiterführender Literatur anzuregen und zur Gewinnung eines selbständigen Urteils über die außenpolitischen Zielsetzungen und Methoden einer Weltmacht beizutragen vermag.

Bis zum 1. (14.) Februar 1918, der Einführung des Gregorianischen Kalenders in Sowjetrußland, werden für die angeführten Dokumente beide Daten aufgeführt.

Die Schreibung russischer Wörter und Namen erfolgte in der Regel nach der anerkannten wissenschaftlichen Transkription. Nur bei allgemein eingebürgerten Ausdrücken (z. B. Sowjet statt korrekt: Sovet) wurde die übliche Schreibweise beibehalten. Auch die in den zitierten deutschsprachigen Quellen gelegentlich von der wissenschaftlichen Regel abweichende Transkription wurde aus Gründen der Texttreue nicht verändert (daher z. B. Trotzki statt korrekt: Trockij; Benesch statt korrekt: Beneš).

LOTHAR RHEINBERGER
Steinkamp 12
2070 AHRENSBURG

1–42621/1

03/80

I. Außenpolitik im Zeichen der Weltrevolution (1917–1920)

Friedensangebot an Regierungen und Völker aller kriegführenden Länder

„Die Parole des sofortigen Waffenstillstandes war für Lenin ein Verzicht auf seine ursprüngliche Absicht, den Frieden erst auf dem Umweg über die Weltrevolution zu erreichen. Er erkannte die taktische Wichtigkeit einer sofortigen Erfüllung der russischen Friedenssehnsucht." (Georg v. Rauch, Geschichte der Sowjetunion, 1969, S. 72 f.)

Dekret über den Frieden vom 26. Oktober (8. November) 1917:

1 „Die Arbeiter- und Bauernregierung, die durch die Revolution vom 24./25. Oktober (6./7. November) geschaffen wurde und sich auf die Sowjets der Arbeiter-, Soldaten- und Bauerndeputierten stützt, schlägt allen kriegführenden Völkern und ihren Regierungen vor, sofort Verhandlungen über einen gerechten demokratischen Frieden aufzunehmen.

Ein gerechter oder demokratischer Frieden, den die überwältigende Mehrheit der durch den Krieg erschöpften, gepeinigten und gemarterten Klassen der Arbeiter und der Werktätigen aller kriegführenden Länder ersehnt, ein Frieden, wie ihn die russischen Arbeiter und Bauern nach dem Sturz der Zarenmonarchie auf das entschiedenste und beharrlichste gefordert haben, ein solcher Frieden ist nach Auffassung der Regierung ein sofortiger Frieden ohne Annexionen (d. h. ohne Aneignung fremder Territorien, ohne gewaltsame Angliederung fremder Völkerschaften) und ohne Kontributionen.

Die Regierung Rußlands schlägt allen kriegführenden Völkern vor, unverzüglich einen solchen Frieden zu schließen, wobei sie sich bereit erklärt, sofort, ohne die geringste Verzögerung, bis zur endgültigen Bestätigung aller Bedingungen eines solchen Friedens durch die bevollmächtigten Versammlungen der Volksvertreter aller Länder und aller Nationen, alle entscheidenden Schritte zu unternehmen.

Unter Annexion oder Aneignung fremder Territorien versteht die Regierung, im Einklang mit dem Rechtsbewußtsein der Demokratie im allgemeinen und der werktätigen Klassen im besonderen, jede Angliederung einer kleinen oder schwachen Völkerschaft an einen großen oder mächtigen Staat, ohne daß diese Völkerschaft ihr Einverständnis und ihren unmißverständlichen Wunsch klar und freiwillig zum Ausdruck gebracht hat, unabhängig davon, wann diese gewaltsame Angliederung erfolgt ist, sowie unabhängig davon, wie entwickelt oder rückständig eine solche mit Gewalt angegliederte oder mit Gewalt innerhalb der Grenzen eines gegebenen Staates festgehaltene Nation ist, und schließlich unabhängig davon, ob diese Nation in Europa oder in fernen, überseeischen Ländern lebt. Wenn irgendeine Nation mit Gewalt in den Grenzen eines gegebenen Staates festgehalten wird, wenn dieser Nation entgegen ihrem zum Ausdruck gebrachten Wunsch – gleichviel, ob dieser Wunsch in der Presse oder in Volksversammlungen, in Beschlüssen der Parteien oder in Empörungen und Aufständen gegen die nationale Unterdrückung geäußert wurde – das Recht vorenthalten wird, nach vollständiger Zurückziehung der Truppen der annektierenden oder überhaupt der stärkeren Nation in freier Abstimmung über die Formen ihrer staatlichen Existenz ohne den mindesten Zwang selbst zu entscheiden, so ist eine solche Angliederung eine Annexion, d. h. eine Eroberung und Vergewaltigung...

Die Regierung schafft die Geheimdiplomatie ab; sie erklärt, daß sie ihrerseits fest entschlossen ist, alle Verhandlungen völlig offen vor dem ganzen Volk zu führen, und wird unverzüglich darangehen, alle Geheimverträge zu veröffentlichen, die von der Regierung der Gutsbesitzer und Kapitalisten in der Zeit vom Februar bis zum 25. Oktober (7. November) 1917 bestätigt oder abgeschlossen wurden. Alle Bestimmungen dieser Geheimverträge, soweit sie, wie es zumeist der Fall war, den Zweck hatten, den russischen Gutsbesitzern und Kapitalisten Vorteile und Privilegien zu verschaffen, die Annexionen der Großrussen aufrechtzuerhalten oder zu erweitern, werden von der Regierung bedingungslos und sofort für ungültig erklärt.

Indem sich die Regierung an die Regierungen und Völker aller Länder mit dem Vorschlag wendet, sofort offene Verhandlungen über den Friedensschluß aufzunehmen, gibt sie ihrerseits ihrer Bereitschaft Ausdruck, diese Verhandlungen sowohl schriftlich, telegrafisch als auch auf dem Wege mündlicher Unterhandlungen von Vertretern der verschiedenen Länder oder auf Konferenzen dieser Vertreter zu führen. Um solche Unterhandlungen zu erleichtern, entsendet die Regierung ihren bevollmächtigten Vertreter in die neutralen Länder.

Die Regierung schlägt allen Regierungen und Völkern aller kriegführenden Länder vor, sofort einen Waffenstillstand abzuschließen, wobei sie es ihrerseits für wünschenswert hält, daß dieser Waffenstillstand auf mindestens drei Monate abgeschlossen werde, d. h. für eine Frist, die völlig ausreicht sowohl für den Abschluß von Friedensverhandlungen unter der Teilnahme von ausnahmslos allen Völkerschaften oder Nationen, die in den Krieg hineingezogen oder hineingezwungen wurden, als auch für die Einberufung bevollmäch-

tigter Versammlungen der Volksvertreter aller Länder zur endgültigen Bestätigung der Friedensbedingungen.
Die Provisorische Arbeiter- und Bauernregierung Rußlands, die dieses Friedensangebot an die Regierungen und an die Völker aller kriegführenden Länder richtet, wendet sich gleichzeitig insbesondere an die klassenbewußten Arbeiter der drei fortgeschrittensten Nationen der Menschheit und der größten am gegenwärtigen Krieg beteiligten Staaten: Englands, Frankreichs und Deutschlands. Die Arbeiter dieser Länder haben der Sache des Fortschritts und des Sozialismus die größten Dienste erwiesen – in den großen Vorbildern der Chartistenbewegung in England, in den Revolutionen von weltgeschichtlicher Bedeutung, die das französische Proletariat vollbracht hat, und schließlich im heroischen Kampf gegen das Sozialistengesetz sowie in der für die Arbeiter der ganzen Welt mustergültigen langwierigen und beharrlichen disziplinierten Arbeit zur Schaffung proletarischer Massenorganisationen in Deutschland. Alle diese Vorbilder der proletarischen Heldentums und geschichtlicher Schöpferkraft sind für uns eine Bürgschaft, daß die Arbeiter der genannten Länder die ihnen jetzt gestellte Aufgabe, die Menschheit von den Schrecken des Krieges und seinen Folgen zu befreien, erkennen werden, daß diese Arbeiter uns durch ihre allseitige, entschiedene, rückhaltlos energische Tätigkeit helfen werden, die Sache des Friedens und zugleich damit die Sache der Befreiung der werktätigen und ausgebeuteten Volksmassen von jeder Sklaverei und jeder Ausbeutung erfolgreich zu Ende zu führen."

W. I. Lenin, Werke, Bd. 26, Berlin[-Ost] 1961, S. 239 ff.

Revolutionäre Nationalitätenpolitik

„Die Oktoberrevolution verkündete die Gleichheit aller Völker innerhalb des russischen Imperiums, aber diese ‚Gleichheit' war eine leere Formel angesichts der führenden Rolle, die das russische Proletariat zu spielen berufen war. Michael Kalinin ließ die Katze aus dem Sack, als er sagte, daß es das Ziel der Sowjetpolitik sei, ‚die Völker der kirgisischen Steppen, die kleinen usbekischen Baumwollpflanzer und die turkmenischen Gärtner zu lehren, sich die Ideale der Leningrader Arbeiter zu eigen zu machen'."
(Walter Kolarz, Die Nationalitätenpolitik der Sowjetunion, 1956, S. 16 f.)

Aus der Deklaration der Rechte der Völker Rußlands vom 2. (15). November 1917:

2 „In Ausführung des Willens dieser Kongresse hat der Rat der Volkskommissare beschlossen, seiner Tätigkeit in der Frage der Nationalitäten Rußlands folgende Prinzipien zugrunde zu legen:

1. Gleichheit und Souveränität der Völker Rußlands.
2. Das Recht der Völker Rußlands auf freie Selbstbestimmung bis zur Lostrennung und Bildung eines selbständigen Staates.
3. Abschaffung aller und jeglicher nationalen und nationalreligiösen Privilegien und Beschränkungen.
4. Freie Entwicklung der nationalen Minderheiten und ethnographischen Gruppen, die das Territorium Rußlands bevölkern.“

„Pravda“ vom 3. (16.) November 1917

Aus dem Manifest an das ukrainische Volk vom 3. (16.) Dezember 1917:

3 „Ausgehend von den Interessen der Einheit und des brüderlichen Bündnisses der Arbeiter mit den werktätigen und ausgebeuteten Massen im Kampfe für den Sozialismus, ausgehend von der Anerkennung dieser Grundsätze durch zahlreiche Beschlüsse der Organe der revolutionären Demokratie, der Räte, und insbesondere des Zweiten Allrussischen Rätekongresses, bestätigt die sozialistische Regierung Rußlands, der Rat der Volkskommissare, abermals das Recht aller vom Zarismus und der großrussischen Bourgeoisie unterdrückten Nationen auf Selbstbestimmung bis zur Lostrennung dieser Nationen von Rußland.
Deshalb erkennen wir, der Rat der Volkskommissare, die Ukrainische Volksrepublik sowie ihr Recht an, sich ganz von Rußland zu trennen oder mit der Russischen Republik einen Vertrag über föderative oder ähnliche Beziehungen zu schließen.
Alles, was die nationalen Rechte und die nationale Unabhängigkeit des ukrainischen Volkes betrifft, erkennen wir, der Rat der Volkskommissare, sofort, bedingungslos, ohne Einschränkung an.
Gegen die Finnländische bürgerliche Republik, die zunächst eine bürgerliche ist, haben wir keinen einzigen Schritt unternommen im Sinne der Beschränkung der nationalen Rechte und der nationalen Unabhängigkeit des finnischen Volkes, und wir werden auch keine Schritte unternehmen, um die nationale Unabhängigkeit irgendeiner der Nationen zu beschränken, die der Russischen Republik angehören oder ihr angehören wollen.“

„Izvestija“ vom 6. (19.) Dezember 1917

Aus der Rede des Vorsitzenden des Rates der Volkskommissare, V. I. Lenin, vom 13. (26.) Januar 1918:

4 „Wir werden all die Nationen, die der Zarismus durch Unterdrückung festhielt, nicht gewaltsam innerhalb Rußlands oder des russischen Staates festhalten. Wir haben darauf gerechnet, daß wir die anderen Nationen, die Ukraine, Finnland, nicht durch Gewalt, nicht durch Zwang heranziehen werden, sondern dadurch, daß sie sich eine eigene sozialistische Welt, daß sie sich ihre eigenen Sowjetrepubliken schaffen werden. Wir sehen jetzt, daß in Finnland von Tag zu Tag eine Arbeiterrevolution erwartet wird, in demselben Finnland, das sich zwölf Jahre hindurch, seit 1905, bereits voller Freiheit im Innern erfreute und das demokratische Wahlrecht besaß. Von 1905 bis 1917 fielen in dieses Land, das sich durch sein Kulturniveau, seine Wirtschaftsordnung und seine Vergangenheit auszeichnet, Funken jenes Brandes, den die Bolschewiki künstlich entzündet haben sollen. Und wir sehen dort den Beginn der sozialistischen Revolution. Diese Erscheinung beweist, daß wir durch den Parteikampf nicht blind geworden sind, daß wir nicht nach einem Plan gehandelt haben, sondern daß lediglich die hoffnungslose Lage der gesamten Menschheit nach dem Kriege diese Revolution geschaffen und die sozialistische Revolution unbesiegbar gemacht hat."

W. I. Lenin, Sämtl. Werke, Bd. XXII, S. 247

Außenpolitische Alternativen nach der Revolution

„Lenin und Trotzki hatten immer wieder und wieder gesagt, daß man einen solchen Frieden nicht von den absolutistischen oder selbst den bürgerlichen Regierungen erwarten könnte – er könnte nur von den proletarischen Revolutionen in den kämpfenden Ländern errungen werden. Aber die Heere der Hohenzollern und Habsburger standen auf einem Boden, den sie dem russischen Reich entrissen hatten; ... solange sie nicht auf ihre räuberischen Ziele verzichtet hatten, waren die Bolschewiki gewissermaßen verpflichtet, den Krieg weiterzuführen, den revolutionären Krieg um einen gerechten Frieden. Aber sie waren auch – nach Ansicht der Massen sogar noch stärker – verpflichtet, einen sofortigen Frieden herbeizuführen, der weder gerecht noch demokratisch sein konnte. Das war ihr erstes Dilemma." (Isaac Deutscher, Trotzki, Bd. I, 1962, S. 299 f.)

Aus dem Funkspruch des Vorsitzenden des Rates der Volkskommissare, V. I. Lenin, und des Volkskommissars für Auswärtige Angelegenheiten, L. D. Trockij, an alle vom 15. (28.) November 1917:

5 „Der entscheidende Schritt ist getan. Die siegreiche Arbeiter- und Bauernrevolution in Rußland stellte die Friedensfrage zur sofortigen Entscheidung. Die Periode der Schwankungen, des Hinhaltens, der Kanzleiabmachungen ist vorüber. Nun sind alle Regierungen, alle Klassen, alle Parteien aller kriegführenden Länder aufgefordert, kategorisch auf die Frage zu antworten: Sind Sie mit uns zusammen am 19. November (1. Dezember) bereit, in Verhandlungen über einen Waffenstillstand und einen allgemeinen Frieden einzutreten? Ja oder nein? Von der Antwort auf diese Frage hängt es ab, ob die Fabrik- und Landarbeiter einem neuen Winterfeldzug mit allen seinen Schrecknissen und Leiden entgehen werden oder ob Europa weiter verbluten wird. Wir, der Rat der Volkskommissare, wenden uns mit dieser Frage an die Regierungen unserer Verbündeten: Frankreich, England, Italien, Vereinigte Staaten, Belgien, Serbien, Rumänien, Japan, China. Wir fragen sie offen vor ihren eigenen Völkern, offen vor der ganzen Welt: Wollen Sie am 1. Dezember zusammen mit uns die Friedensverhandlungen beginnen? Wir, der Rat der Volkskommissare, wenden uns an die verbündeten Völker, insbesondere an ihre arbeitenden Massen: Wollen Sie diesen Krieg noch weiter in die Länge ziehen, ohne Sinn und Ziel, indem Sie blindlings dem Untergang der ganzen europäischen Kultur entgegensteuern? ... Wir, der Rat der Volkskommissare, wenden uns an die arbeitenden Massen Deutschlands, Österreich-Ungarns, der Türkei und Bulgariens: der Friede, den wir vorschlagen, soll ein Völkerfrieden sein, er soll ein ehrliches Einverständnis sein, das jedem Volk die Freiheit wirtschaftlicher und kultureller Entwicklung sichert, solch ein Friede kann nur auf der Grundlage eines offenen und mannhaften Kampfes der revolutionären Massen gegen alle imperialistischen Pläne und Eroberungsgelüste geschlossen werden... Wir schlagen allen Völkern offen vor, einen neuen Vertrag auf der Grundlage der Verständigung und der gemeinsamen Mitarbeit abzuschließen. Auf unseren Vorschlag haben die offiziellen und offiziösen Vertreter der führenden Klassen der verbündeten Länder mit einer Weigerung geantwortet, die Regierung der Räte anzuerkennen und mit derselben in Friedensverhandlungen zu treten. Die Regierung der siegreichen Revolution braucht nicht von der professionellen kapitalistischen Diplomatie anerkannt zu werden. Aber wir fragen die Völker: Werden durch die reaktionäre Diplomatie ihre Gedanken und Ziele zum Ausdruck gebracht? Sind die Völker einverstanden, der Diplomatie zu gestatten, die gute Gelegenheit eines Friedensschlusses vorübergehen zu lassen, die durch die russische Revolution geboten wurde? Die Antwort auf diese Fragen muß sofort erfolgen. Eine Antwort nicht mit Worten, sondern durch die Tat. Das russische Heer und Volk kann und will nicht länger warten. Am 1. Dezember beginnen wir mit den Friedensverhandlungen. Sollten die verbündeten Völker ihre Vertreter nicht senden, so werden wir mit den Deutschen allein die Verhandlungen führen."

Archivalische Forschungen zur Geschichte der deutschen Arbeiterbewegung, Bd. 4/II (Die Auswirkungen der Großen Sozialistischen Oktoberrevolution auf Deutschland), Berlin[-Ost] 1959, S. 788 f.

Der schwere Weg zum Friedensschluß von Brest-Litovsk

„Die eigentliche Existenzfrage für das revolutionäre Sowjetregime in diesen und den folgenden Wochen lautete jedoch: Wie können die Mittelmächte, wie können vor allem die Deutschen, mit denen man nach einem Mitte Dezember vereinbarten Waffenstillstand Friedensverhandlungen aufgenommen hatte, von einem weiteren militärischen Vorrücken, insbesondere von der unmittelbar drohenden Besetzung Petrograds, abgehalten werden? (Karl-Heinz Ruffmann, Sowjetunion, 1972, S. 75)

Aus dem Funkspruch des Volkskommissars für Auswärtige Angelegenheiten, L. D. Trockij, an die Völker und Regierungen der verbündeten Länder vom 16. (29.) Dezember 1917:

6 „Die Friedensverhandlungen in Brest-Litowsk zwischen der Delegation der russischen Republik und Abordnungen Deutschlands, Österreich-Ungarns, Bulgariens und der Türkei sind... bis zum 8. Januar unterbrochen worden, um zum letzten Male den verbündeten Ländern Gelegenheit zu geben, an den weiteren Verhandlungen teilzunehmen und sich dadurch vor allen Folgen eines Separatfriedens zwischen Rußland und dessen Feinden zu schützen.
In Brest-Litowsk wurden zwei Programme aufgestellt: das eine stellt den Gesichtspunkt der allrussischen Kongresse der Räte der Arbeiter-, Soldaten- und Bauerndeputierten dar; das andere Programm ist durch die Regierungen Deutschlands und seiner Verbündeten aufgestellt worden... Das Programm der Regierungen der mit uns Krieg führenden Staaten kennzeichnet sich durch folgende Erklärung: ‚Es liegt nicht in den Absichten der verbündeten Mächte (d. h. Deutschland, Österreich-Ungarn, Türkei und Bulgarien), die im Kriege besetzten Gebiete sich gewaltsam anzueignen.'
...Die feindlichen Regierungen sind unter dem Druck der Verhältnisse und vor allen Dingen unter dem Druck der Arbeitermassen dem Programm der Demokratie entgegengekommen. Sie haben auf neue gewaltsame Annexionen sowie auf Kriegsentschädigungen verzichtet; bei der Verzichtleistung auf neue Eroberungen gehen die feindlichen Regierungen von der Idee aus, daß die alten Eroberungen, die alten Gewalttätigkeiten, die die Starken gegenüber den Schwachen verübt haben, verjährt und dadurch sanktioniert seien. Das bedeutet, daß das Schicksal Elsaß-Lothringens, Transsilvaniens, Bosniens, der Herzegowina einerseits und Irlands, Ägyptens, Indiens andererseits einer Prüfung nicht unterliegt.
Ein solches Programm ist sehr unkonsequent und stellt einen prinzipienlosen Kompromiß zwischen den Ansprüchen des Imperialismus und Gegenwirkung der arbeitenden Demokratie vor; immerhin ist die Tatsache, daß dieses Programm überhaupt aufgestellt wurde,

ein gewaltiger Fortschritt... Nachdem jetzt die Gegenpartei ihre Friedensbedingungen bekanntgegeben hat, ist es nicht angängig, uns mit allgemeinen Redensarten, es sei notwendig, den Krieg bis zu Ende zu führen, abzufertigen. Frankreich, Italien, Großbritannien und die Vereinigten Staaten müssen ein klares und genaues Friedensprogramm aufstellen. Fordern sie wie wir Selbstbestimmungsrecht für die Völker Elsaß-Lothringens, Galiziens, Posens, Böhmens, der südslawischen Gebiete? Bejahenden Falles sollen sie sich dazu äußern, ob sie ihrerseits bereit sind, den Völkern Irlands, Ägyptens, Indiens, Indochinas, von Madagaskar das Selbstbestimmungsrecht zu verleihen, wie solches die russische Revolution gegenüber den Völkern Finnlands, der Ukraine, Weißrußlands usw. getan hat. Es ist klar, daß, wenn man das Selbstbestimmungsrecht für die Fremdvölker der feindlichen Staaten fordert, dieses Recht aber den Völkern der eigenen Staaten oder eigenen Kolonien vorenthält, dies nichts weiter bedeuten würde als eine Verteidigung des verstecktesten und zynischsten Imperialismus... Zehn Tage trennen uns von der Wiedereröffnung der Friedensverhandlungen. In diesen Verhandlungen fühlt sich Rußland an die Zustimmung seiner Verbündeten nicht gebunden. Selbst wenn die verbündeten Regierungen fortfahren sollten, den allgemeinen Frieden mit Gewalt zu verhindern, so wird die russische Delegation dennoch zur Fortsetzung der Verhandlungen erscheinen. Ein durch Rußland unterzeichneter Separatfrieden würde zweifellos einen schweren Schlag für die verbündeten Länder, vor allen Dingen für Frankreich und Italien bedeuten.“

Archivalische Forschungen zur Geschichte der deutschen Arbeiterbewegung, Bd. 4/II (Die Auswirkungen der Großen Sozialistischen Oktoberrevolution auf Deutschland) Berlin[-Ost] 1959, S. 867 ff.

Aus den Thesen des Vorsitzenden des Rates der Volkskommissare, V. I. Lenin, über den sofortigen Abschluß eines annexionistischen Separatfriedens vom 7. (20.) Januar 1918:

7 „8. Die sozialistische Regierung Rußlands steht vor der keinen Aufschub duldenden Frage, ob sie sofort diesen annexionistischen Frieden annehmen oder sofort einen revolutionären Krieg beginnen soll. Irgendwelche Mittelwege sind hier im Grunde genommen unmöglich. Ein weiterer Aufschub ist nicht mehr möglich; denn wir haben bereits alles Mögliche und Unmögliche getan, um die Verhandlungen künstlich in die Länge zu ziehen...

13. Faßt man die Argumente für einen sofortigen revolutionären Krieg zusammen, so muß man zu der Schlußfolgerung kommen, daß eine solche Politik vielleicht dem Drang eines Menschen nach dem

Schönen, Effektvollen und Blendenden entspricht, aber absolut nicht das objektive Kräfteverhältnis der Klassen und der materiellen Faktoren im gegenwärtigen Augenblick der begonnenen sozialistischen Revolution berücksichtigt...

19. Und die deutsche Revolution wird, was ihre objektiven Grundlagen betrifft, keineswegs erschwert werden, wenn wir einen Separatfrieden schließen. Wahrscheinlich wird der Taumel des Chauvinismus sie für eine Zeitlang schwächen, aber die Lage Deutschlands bleibt außerordentlich schwer, der Krieg gegen England und Amerika wird sich in die Länge ziehen, der aggressive Imperialismus ist auf beiden Seiten vollkommen entlarvt worden. Das Beispiel der sozialistischen Räterepublik in Rußland wird als lebendiges Vorbild vor den Völkern aller Länder stehen, und die propagandistische, revolutionierende Wirkung dieses Beispiels wird ungeheuer sein. Hier – die bürgerliche Ordnung und der endgültig entlarvte Eroberungskrieg zweier Räubergruppen, dort – der Frieden und die sozialistische Räterepublik.

20. Indem wir einen Separatfrieden schließen, befreien wir uns, so weit, *als das im gegenwärtigen Augenblick möglich ist*, am meisten von beiden einander bekämpfenden imperialistischen Gruppen, nutzen ihre Feindschaft und den Krieg aus – der es ihnen erschwert, ein Abkommen gegen uns zu treffen – und behalten für eine gewisse Zeit freie Hand zur Fortführung und Stärkung der sozialistischen Revolution...

21. Ein wirklich revolutionärer Krieg im gegenwärtigen Augenblick wäre ein Krieg der sozialistischen Republik gegen die bürgerlichen Länder mit dem klar gestellten und von der sozialistischen Armee vollkommen gebilligten Ziel, die Bourgeoisie in den anderen Ländern zu stürzen. Aber im gegenwärtigen Augenblick können wir uns offenbar ein solches Ziel noch nicht stellen. Wir würden jetzt objektiv wegen der Befreiung Polens, Litauens und Kurlands Krieg führen. Aber kein einziger Marxist kann, ohne mit den Grundsätzen des Marxismus und des Sozialismus überhaupt zu brechen, bestreiten, daß die Interessen des Sozialismus höher stehen als die Interessen des Selbstbestimmungsrechts der Völker."

W. I. Lenin, Sämtl. Werke, Bd. XXII, S. 192 ff.

Aus der Diskussion im bol'ševistischen Zentralkomitee am 11. (24.) Januar 1918:

8 „Als erster ergreift der Gen. *Lenin* das Wort... Er beginnt mit der Darlegung der drei Auffassungen, die sich in der vorigen Sitzung abgezeichnet haben: 1. annexionistischer Separatfrieden, 2. revolutionärer Krieg und 3. der Krieg wird für eingestellt erklärt, die

Armee demobilisiert, der Frieden jedoch nicht unterzeichnet. In der vorigen Sitzung wurden für die erste Auffassung 15, für die zweite 32 und für die dritte 16 Stimmen abgegeben.

Gen. Lenin weist darauf hin, daß die Bolschewiki niemals die Verteidigung abgelehnt haben, daß jedoch für diese Verteidigung und diesen Schutz des Vaterlandes eine bestimmte, konkrete Situation vorhanden sein muß, die gegenwärtig nicht gegeben ist, nämlich: die Verteidigung der sozialistischen Republik gegen den ungeheuer starken internationalen Imperialismus...

Gewiß, der Frieden, den wir schließen werden, wird ein Schandfrieden sein, aber wir brauchen eine Pause, um soziale Reformen durchzuführen (man denke nur an das Verkehrswesen); wir müssen erstarken, dazu aber brauchen wir Zeit. Wir müssen die Bourgeoisie vollständig vernichten, dazu aber müssen wir beide Hände frei haben. Wenn wir das getan haben, so werden wir beide Hände freibekommen und können dann einen revolutionären Krieg gegen den internationalen Imperialismus führen. Die jetzt geschaffenen Marschabteilungen der revolutionären Freiwilligenarmee sind die Offiziere unserer künftigen Armee.

Was Gen. Trockij vorschlägt – Einstellung des Krieges, Ablehnung der Unterzeichnung des Friedens und Demobilisierung der Armee – ist eine internationale politische Demonstration...

Gen. *Bucharin* ist der Meinung, daß die Position Trockijs die richtigste ist, dagegen sieht er in der Position Gen. Lenins 2 Widersprüche. Er sagt, daß wir in einem Verteidigungskrieg stehen, aber Verteidigung setzt Krieg voraus, wenn wir Krieg führen, treten wir dem Imperialismus auf den Schwanz. Wir müssen die sozialistische Republik von der Warte des Internationalismus betrachten, weil wir hier die gesamte Front des Klassenkampfes vor uns haben...

Gen. *Urickij* ist der Meinung, daß der Fehler Gen. Lenins im Augenblick der gleiche ist wie 1915 – d. h. er betrachtet die Angelegenheit von der Warte Rußlands und nicht von internationaler Warte...

Gen. *Trockij* stellt die Frage, in welcher Beziehung der revolutionäre Krieg zur internationalen Lage steht. Im Augenblick reduziert sich doch die Frage auf das Kräfteverhältnis. Ob wir uns nun aktiv am imperialistischen Krieg beteiligen oder uns passiv verhalten, nehmen wir dennoch am Krieg teil. Und jetzt müssen wir abwägen, was für uns von größerem Vorteil ist. Unsere Kraft ganz auf den Krieg zu konzentrieren ist eine Utopie. Deshalb ist es illusorisch, die Frage nach dem revolutionären Krieg zu stellen. Die Armee muß aufgelöst werden, aber das bedeutet nicht, Frieden zu schließen...

Gen. *Stalin* meint, wenn die Losung des revolutionären Krieges aufgegriffen werde, spiele man in die Hände des Imperialismus. Der

Standpunkt Gen. Trockijs ist überhaupt kein Standpunkt. Eine revolutionäre Bewegung im Westen gibt es nicht, das ist kein Faktum, sondern nur eine Potenz, mit Potenzen können wir aber nicht rechnen...

Gen. *Trockij* schlägt vor, über folgende Formel abzustimmen: Wir beenden den Krieg, schließen keinen Frieden und demobilisieren die Armee.

Abstimmung.

Dafür – 9 [im Original verbessert aus 7], dagegen 7 [im Original verbessert aus 6]."

W. Baumgart/K. Repgen, Brest-Litovsk, Göttingen 1969, S. 108 ff.

Aus einer Stellungnahme des Vorsitzenden des Rates der Volkskommissare, V. I. Lenin, zu den Brester Friedensverhandlungen am 24. Februar 1918:

9 „Trotzki hatte recht, als er sagte: der Frieden kann ein noch so unglücklicher Frieden sein, aber ein Frieden, der diesen hundertfach schändlichen Krieg beendet, kann kein schändlicher, schimpflicher, unsauberer Frieden sein.

Es ist ungeheuer, unglaublich schwer, einen unglücklichen, unendlich schweren, unendlich erniedrigenden Frieden zu unterzeichnen, wo der Starke dem Schwachen das Knie auf die Brust setzt. Aber es ist nicht erlaubt, in Verzweiflung zu geraten, es ist unzulässig, zu vergessen, daß die Geschichte Beispiele noch größerer Demütigungen, noch unglücklicherer, schwererer Friedensbedingungen kennt. Und trotzdem haben es die von brutalen, grausamen Siegern erdrückten Völker verstanden, sich wieder zu erholen und zu erheben...

Die Geschichte marschiert jetzt noch viel rascher, die Tragödien ganzer Völker, die durch den imperialistischen Krieg zertreten werden und zertreten worden sind, sind viel, viel entsetzlicher. Die Verflechtung der imperialistischen Strömungen und der nationalen Freiheitsbewegungen und Bestrebungen haben wir ebenfalls, nur mit dem gewaltigen Unterschied, daß die nationalen Befreiungsbewegungen unendlich schwächer, die imperialistischen unendlich stärker sind. Aber die Geschichte schreitet unaufhörlich vorwärts, und in allen fortgeschrittenen Ländern reift – trotz allem – die sozialistische Revolution heran, eine unendlich tiefere, mächtigere Volksrevolution als die früheren bürgerlichen Revolutionen.

Deshalb sagen wir aber und abermals: am allerwenigsten ist Verzweiflung angebracht. Die Friedensbedingungen sind unerträglich schwer. Trotzdem wird sich die Geschichte durchsetzen. Die unaufhörlich heranreifende sozialistische Revolution in den anderen Län-

dern wird uns zu Hilfe kommen, wenn auch vielleicht nicht so schnell, wie wir es alle wünschen.
Ein Räuber hat uns umringt, zu Boden getreten und erniedrigt. Wir werden imstande sein, alle diese Lasten zu ertragen. Wir stehen nicht allein da in der Welt. Wir haben Freunde, Anhänger, treue Helfer. Sie haben sich verspätet – infolge einer Reihe von Bedingungen, die nicht von ihrem Willen abhängen –, aber sie werden uns zu Hilfe kommen." *W. I. Lenin, Sämtl. Werke, Bd. XXII, S. 310*

Aus dem Friedensvertrag von Brest-Litovsk vom 3. März 1918:

10 „Artikel I.

Deutschland, Österreich-Ungarn, Bulgarien und die Türkei einerseits und Rußland andererseits erklären, daß der Kriegszustand zwischen ihnen beendet ist. Sie sind entschlossen, fortan in Frieden und Freundschaft miteinander zu leben.

Artikel II.

Die vertragschließenden Teile werden jede Agitation oder Propaganda gegen die Regierung oder die Staats- und Heereseinrichtungen des anderen Teils unterlassen. Die Verpflichtung gilt, soweit sie Rußland obliegt, auch für die von den Mächten des Vierbundes besetzten Gebiete...

Artikel V.

Rußland wird die völlige Demobilmachung seines Heeres einschließlich der von der jetzigen Regierung neugebildeten Heeresteile unverzüglich durchführen...

Artikel VI.

Rußland verpflichtet sich, sofort Frieden mit der Ukrainischen Volksrepublik zu schließen und den Friedensvertrag zwischen diesem Staate und den Mächten des Vierbundes anzuerkennen. Das ukrainische Gebiet wird unverzüglich von den russischen Truppen und der russischen Roten Garde geräumt. Rußland stellt jede Agitation oder Propaganda gegen die Regierung oder die öffentlichen Einrichtungen der Ukrainischen Volksrepublik ein.
Estland und Livland werden gleichfalls ohne Verzug von den russischen Truppen und der russischen Roten Garde geräumt...
Auch Finnland und die Aalandsinseln werden alsbald von den russischen Truppen und der russischen Roten Garde, die finnischen Häfen von der russischen Flotte und den russischen Seestreitkräften geräumt. Solange das Eis die Überführung der Kriegsschiffe in russische Häfen ausschließt, werden auf den Kriegsschiffen nur schwache Kommandos zurückbleiben. Rußland stellt jede Agitation oder Pro-

paganda gegen die Regierung oder die öffentlichen Einrichtungen Finnlands ein...

Artikel X.

Die diplomatischen und konsularischen Beziehungen zwischen den vertragschließenden Teilen werden sofort nach der Ratifikation des Friedensvertrages wieder aufgenommen..."

Deutsch-sowjetische Beziehungen von den Verhandlungen in Brest-Litowsk bis zum Abschluß des Rapallovertrages, Bd. I, Berlin[-Ost] 1967, S. 455 ff.

Aus einer Stellungnahme des Vorsitzenden des Rates der Volkskommissare, V. I. Lenin, zum Vertrag von Brest-Litovsk am 11. März 1918:

11 „Wir haben einen ‚Tilsiter' Frieden unterzeichnet. Als Napoleon I. im Jahre 1807 Preußen zum Tilsiter Frieden zwang, da hatte der Eroberer alle Armeen der Deutschen vernichtet, die Hauptstadt und alle großen Städte besetzt, seine eigene Polizei eingeführt, die Besiegten gezwungen, ihm Hilfstruppen zur Führung neuer Raubkriege zur Verfügung zu stellen, da hatte er Deutschland zerstückelt und mit den einen deutschen Staaten Bündnisse gegen andere deutsche Staaten geschlossen. Und nichtsdestoweniger, sogar nach einem solchen Frieden, hat sich das deutsche Volk behauptet, hat es verstanden, seine Kräfte zu sammeln, sich zu erheben und sich das Recht auf Freiheit und Selbständigkeit zu erkämpfen...

Jawohl, lerne beim Deutschen! Der Weg der Geschichte führt über Krümmungen und Windungen. Es ist so gekommen, daß gerade der Deutsche neben dem bestialischen Imperialismus das Prinzip der Disziplin, der Organisation, des harmonischen Zusammenwirkens auf dem Boden der modernsten Maschinenindustrie, der strengsten Rechnungslegung und Kontrolle verkörpert.

Und gerade daran mangelt es uns. Gerade das müssen wir lernen. Gerade das fehlt unserer großen Revolution, um vom siegreichen Anfang über eine Reihe von schweren Prüfungen zum siegreichen Ende zu kommen. Gerade das braucht die Russische Sozialistische Sowjetrepublik, damit sie aufhöre, armselig und ohnmächtig zu sein, damit sie ein für allemal reich und mächtig werde."

W. I. Lenin, Sämtl. Werke, Bd. XXII, S. 415 ff.

Selbsteinschätzung der internationalen Position des Sowjetstaates

„Lenin hatte den Friedensschluß mit eiserner Konsequenz durchgefochten. Nichts lag ihm aber ferner, als den Vorgang zu beschönigen. Er ... verglich ihn mit dem für Preußen erniedrigenden Frieden von Tilsit, den Napoleon dem besiegten Gegner 1807 aufzwang. Er wies aber auch darauf hin, daß

Preußen aus dieser Erniedrigung den Weg zu großen Reformen gefunden habe, die es zu den späteren Waffentaten befähigten." (Georg v. Rauch, Geschichte der Sowjetunion, 1969, S. 89)

Aus den Thesen des Vorsitzenden des Rates der Volkskommissare, V. I. Lenin, über die nächsten Aufgaben der Sowjetmacht vom April/Mai 1918:

12 „1. Die Internationale Lage der Sowjetrepublik ist außerordentlich schwer und kritisch, denn die tiefsten und grundlegendsten Interessen des internationalen Kapitals und des Imperialismus treiben nicht nur zu einem militärischen Überfall auf Rußland, sondern auch zur Verständigung über die Aufteilung Rußlands und die Erdrosselung der Sowjetmacht.
Nur die Verschärfung des imperialistischen Gemetzels der Völker im Westen Europas und die imperialistische Rivalität zwischen Japan und Amerika im Fernen Osten paralysieren oder hemmen diese Bestrebungen, und zwar nur zum Teil und nur für eine bestimmte, wahrscheinlich kurze Zeit.
Deshalb muß die Taktik der Sowjetrepublik unbedingt darin bestehen, einerseits alle Kräfte aufs äußerste anzuspannen, um einen möglichst raschen wirtschaftlichen Aufschwung des Landes herbeizuführen, seine Wehrkraft zu steigern und eine mächtige sozialistische Armee zu schaffen; andererseits muß die Taktik auf dem Gebiet der internationalen Politik im Lavieren, Zurückziehen, Abwarten bestehen, bis zu dem Augenblick, wo die internationale proletarische Revolution endgültig ausreift, die jetzt schneller als früher in einer ganzen Reihe fortgeschrittener Länder heranreift."

W. I. Lenin, Sämtl. Werke, Bd. XXII, S. 573

Kontakte mit dem Deutschen Reich

„Nach dem Brester Friedensschluß und der Aufnahme diplomatischer Beziehungen zur Sowjetunion wurde Stresemann aktiv in die deutsch-russischen Verhandlungen über die Ergänzungsverträge einbezogen ... Doch ... dachte Stresemann nur an eine ausschließlich wirtschaftliche Orientierung zum Osten. Im ganzen stellte diese Beschäftigung mit Rußland nur ein kurzes Zwischenspiel dar ..." (Martin Walsdorff, Westorientierung und Ostpolitik, 1971, S. 27)

Aus den Aufzeichnungen des Reichstagsabgeordneten Gustav Stresemann über seine Besprechungen mit dem Berliner Sowjetbotschafter A. A. Ioffe am 7. Juli 1918:

13 „In einer Unterredung, die ich am Sonntag, dem 7. Juli, mit den Herren Joffe und Krassin auf Einladung des Herrn Joffe

hatte, wurden die gegenwärtigen Verhältnisse zwischen der russischen Republik und dem Deutschen Reiche erörtert...
Auf meine Frage, ob ein Wirtschaftsverkehr zwischen Rußland und Deutschland bereits eingetreten sei, antworteten sie verneinend und betonten, daß hierin auch eine der Hauptursachen für die unbefriedigenden Verhältnisse zwischen Rußland und Deutschland läge. Die für Berlin geplanten deutsch-russischen Wirtschaftsverhandlungen hätten in Wirklichkeit noch gar nicht begonnen, man habe lediglich über Finanzfragen gesprochen. Rußland lege Wert darauf und setze gewissermaßen seine Ehre darein, die gegenüber Deutschland übernommenen finanziellen Verpflichtungen zu erfüllen...
Das Gespräch lenkte von hier auf die politischen Verhältnisse zwischen den beiden Ländern über. Die Herren erklärten, daß die heutige russische Regierung durchaus geneigt sei, den Frieden von Brest zu erhalten, obwohl er für Rußland sehr ungünstig sei...
Bezüglich der Allgemeinrichtung ihrer Politik erklärten sie, daß für die Sowjetregierung jede Verständigung mit der Entente ausgeschlossen sei, zumal zwischen ihnen und der Entente der große Gegensatz der Annullierung der fremden Staatsschuld läge. Es sei selbstverständlich, daß die Entente schon aus finanziellen Gründen alles tun würde, um sie zu stürzen. Die Grundlagen für ein Bündnis mit Deutschland seien beim Friedensschluß gegeben gewesen. Gegenwärtig herrsche allerdings gegen Deutschland eine große Erbitterung, und käme man zu einem geregelten wirtschaftlichen Verkehr und höre die Angst Rußlands auf, daß ihm eine Provinz nach der anderen entrissen werde, so sei trotzdem an ein erträgliches Verhältnis zu denken, das sich später zum Bündnis ausgestalten könnte."

Archivalische Forschungen zur Geschichte der deutschen Arbeiterbewegung, Bd. 4/III (Die Auswirkungen der Großen Sozialistischen Oktoberrevolution auf Deutschland), Berlin [-Ost] 1959, S. 1421 ff.

Annullierung des Diktatfriedens von Brest-Litovsk

„Die Geschichte hat Lenin recht gegeben, wenn es auch nicht die erhoffte Weltrevolution war, die ihn von den drückenden Bedingungen des Vertrages von Brest-Litovsk befreite, sondern der militärische Zusammenbruch der Mittelmächte. Diesen brachte der Diktatfrieden nicht die erwarteten Vorteile, vor allem auch deshalb nicht, weil die Besetzung so großer Teile eines von der Revolution aufgewühlten Landes starke Heeresverbände festhielt und weil die Mittelmächte noch tiefer in die Nationalitätenproblematik des östlichen Europa hineingezogen wurden, zu deren Lösung ihnen nicht nur Zeit und materielle Mittel, sondern auch die politischen Voraussetzungen fehlten." (Günther Stökl, Russische Geschichte, 1962, S. 659)

Aus dem Beschluß über die Annullierung des Friedensvertrages von Brest-Litovsk vom 13. November 1918:

14 „Das Zentralexekutivkomitee der RSFSR erklärt hiermit feierlich, daß die Friedensbedingungen mit Deutschland, die in Brest am 3. März 1918 unterzeichnet wurden, ihre Gültigkeit und Bedeutung verloren haben. Der Vertrag von Brest-Litowsk... wird insgesamt und in allen Punkten für aufgehoben erklärt.
Alle im Vertrag von Brest-Litowsk aufgenommenen Verpflichtungen, die die Zahlung von Kontributionen oder die Abtretung von Territorien und Gebieten betreffen, werden für ungültig erklärt...
An die Stelle des imperialistischen Friedens muß ein sozialistischer Frieden treten, ein Frieden, abgeschlossen durch die vom Joch der Imperialisten befreiten werktätigen Massen der Völker Rußlands, Deutschlands und Österreich-Ungarns. Die Russische Sozialistische Föderative Sowjetrepublik schlägt den Brudervölkern Deutschlands und des ehemaligen Österreich-Ungarns, vertreten durch die Räte der Deputierten, der Arbeiter und Soldaten, vor, unverzüglich an die Regelung der Fragen zu gehen, die mit der Aufhebung des Brester Vertrages in Verbindung stehen. Grundlage eines wahren Völkerfriedens können nur jene Prinzipien sein, die den brüderlichen Beziehungen zwischen den Werktätigen aller Länder und Nationen entsprechen und die von der Oktoberrevolution verkündet und von der russischen Delegation in Brest verteidigt wurden. Alle besetzten Gebiete Rußlands werden geräumt. Das Recht auf Selbstbestimmung wird in vollem Umfang den werktätigen Nationen aller Völker zuerkannt. Alle Verluste werden den wahren Schuldigen am Kriege – den bürgerlichen Klassen – auferlegt...
Die auf diesen Grundlagen errichteten Beziehungen zwischen den Völkern Rußlands, Deutschlands und Österreich-Ungarns werden nicht nur friedliche Beziehungen sein. Es wird dies ein Bündnis der werktätigen Massen aller Nationen in ihrem Kampf um die Schaffung und Stärkung der sozialistischen Ordnung auf den Trümmern der Ordnung, des Militarismus, Imperialismus und der wirtschaftlichen Sklaverei."

Deutsch-sowjetische Beziehungen von den Verhandlungen in Brest-Litowsk bis zum Abschluß des Rapallovertrages, Bd. I, Berlin[-Ost] 1967, S. 813 f.

Ausländische Intervention

„Die Regierung der Vereinigten Staaten hatte... am Ende des ersten Jahres der sowjetisch-amerikanischen Beziehungen nur sehr wenig aufzuweisen, womit sie ihre Bemühungen um die Probleme der Russischen Revolution glaubhaft machen konnte... Wenn man sagt, daß dies ein Unglück sei, dann darf man doch nicht außer acht lassen, daß ohnehin in jedem Fall schwere Hindernisse für eine fruchtbare Entwicklung der sowjetisch-amerikanischen Beziehungen bestanden. Die heftigen ideologischen Vorurteile der Sowjetführer; ihr Haß gegen die kapitalistische Welt; ihre verworrenen Illusionen über das unmittelbare Bevorstehen der Weltrevolution; das Fehlen irgendwelcher ernsthafter Absichten auf ihrer Seite, ein konstruktives und dauerhaftes Verhältnis mit dem kapitalistischen Westen aufzubauen; das kindische Vergnügen, mit dem sie die westlichen Regierungen verhöhnten und beleidigten; der Zynismus, der Opportunismus und der Mangel an gutem Willen, die ihre Verhandlungsmethoden mit der nichtkommunistischen Welt kennzeichneten; dazu all die unsozialen Tendenzen, die sie, ohne es zu merken, von der russischen Beamtenschaft der früheren Zeit übernommen hatten... – all diese Züge der amtlichen Sowjetpersönlichkeit waren in jedem Fall vorhanden und hätten selbst die aufrichtigsten und aufgeklärtesten amerikanischen Bemühungen, die Differenzen zu mildern und die Kluft zu überbrücken, überaus erschwert.“ (George F. Kennan, Amerika und die Sowjetmacht, Bd. 2, 1958, S. 443 f.)

Auszug aus einer Note des Volkskommissars für Auswärtige Angelegenheiten, G. V. Čičerin, an den Präsidenten der Vereinigten Staaten, Woodrow Wilson, vom 24. Oktober 1918:

15 „Gleichwohl, Herr Präsident, da wir keineswegs mit Amerika zu kämpfen wünschen, selbst nicht, wo Ihre Regierung noch nicht durch den Rat der Volkskommissare ersetzt und Ihre Stelle noch nicht von Eugen Debs, den Sie jetzt im Gefängnis halten, eingenommen ist; ...da wir auch Frieden geschlossen haben mit der imperialistischen Regierung Deutschlands mit Kaiser Wilhelm an der Spitze, zu der Sie, Herr Präsident, sich nicht besser stellen, als wir, eine Arbeiter-, Bauern- und revolutionäre Regierung uns zu Ihnen stellen, so schlagen wir Ihnen, Herr Präsident, zuguterletzt vor, gemeinsam mit Ihren Verbündeten die nachstehenden Fragen zu prüfen und uns darauf genaue ganz sachliche Antworten zu erteilen: Beabsichtigen die Regierungen in Amerika, England und Frankreich, aufzuhören, das Blut des russischen Volkes und das Leben russischer Bürger zu fordern, falls das russische Volk sich einverstanden erklärt, Ihnen dafür Zahlung zu leisten und sich von Ihnen loszukaufen wie ein einem plötzlichen Überfall ausgesetzter Mensch sich von dem loskauft, der ihn überfiel? Zustimmendenfalls, welche Kontributionen verlangen die Regierungen Amerikas, Englands und Frankreichs von dem russischen Volke? Verlangen sie Konzessionen, Übergabe von Eisenbahnen, Minen, Goldgruben usw. zu bestimmten Bedingungen oder verlangen sie territoriale Abtretungen irgendeines Teils von Sibirien, vom Kaukasus oder von der Murmanküste?

Wir erwarten von Ihnen, Herr Präsident, daß Sie bestimmt erklären werden, welche Forderungen eigentlich Sie und Ihre Verbündeten stellen, ob das Bündnis zwischen Ihrer Regierung und den Regierungen der anderen Ententemächte den Charakter einer Vereinigung trägt, die etwa mit einer Aktiengesellschaft zur Eintreibung von Dividenden in Rußland verglichen werden könnte, oder ob Ihre Regierung und die anderen Regierungen der Ententemächte jede für sich gesonderte Forderungen an uns stellen und welche? Uns würde es insbesondere interessieren, zu erfahren, was eigentlich Ihre französischen Verbündeten als Ablösung der Milliarden Rubel verlangen, die die französischen Bankiers dem Bedrücker Rußlands, dem Feinde des eigenen Volkes, der verbrecherischen zaristischen Regierung vorschossen."

Der Kampf der Sowjet-Union um den Frieden, Berlin 1929, S. 54 f.

Vertragsprojekt zur Beendigung der Feindseligkeiten zwischen Sowjetrußland und den Vereinigten Staaten vom 12. März 1919:

16 „Die alliierten und assoziierten Regierungen werden den Auftrag erteilen, daß die feindlichen Handlungen an allen Fronten auf dem Gebiete des früheren Russischen Reiches und Finnlands... eingestellt... werden... Die Konferenz wird die Friedensfrage nach folgenden Prinzipien, die auf der Konferenz nicht geändert werden können, zu behandeln haben:

1. Alle bestehenden de-facto-Regierungen, die sich auf dem Gebiete des früheren Russischen Reiches und Finnlands gebildet haben, verbleiben im vollen Besitze jener Territorien, die von ihnen beim Inkrafttreten des Waffenstillstandes besetzt gehalten werden, soweit die Konferenz diese Gebiete nicht anderen zu übergeben beschließt oder die die von den de-facto-Regierungen besetzten Gebiete bewohnenden Völker ihre Regierung zu wechseln wünschen...
2. Die Wirtschaftsblockade soll aufgehoben und die Handlungsbeziehungen zwischen Sowjetrußland und den alliierten und assoziierten Ländern unter Bedingungen wiederhergestellt werden, die ermöglichen, daß die Waren aus den alliierten und assoziierten Ländern für alle Klassen des russischen Volkes in gleichem Maße erhältlich sind.
3. Die Sowjetregierungen Rußlands sollen das Recht des unbehinderten Transits auf allen Eisenbahnlinien und der Benützung der Häfen haben, die früher zum Russischen Reiche oder Finnland gehörten...
5. Die Sowjetregierungen und die sonstigen Regierungen, die sich auf dem Territorium des früheren Russischen Reiches gebildet haben, sollen eine allgemeine Amnestie für alle politischen Gegner, Verbrecher und Gefangene erlassen...

6. Unverzüglich nach Unterzeichnung dieses Abkommens sollen alle Truppen der alliierten und assoziierten Regierungen und der anderen nichtrussischen Regierungen aus Rußland entfernt und die militärische Unterstützung, die von ihnen den auf dem Gebiete des früheren Russischen Reiches gebildeten antisowjetischen Regierungen gewährt wird, eingestellt werden..."

Der Kampf der Sowjet-Union um den Frieden, Berlin 1929, S. 64 ff.

Aufruf des Volkskommissars für Auswärtige Angelegenheiten, G. V. Čičerin, „an die Werktätigen der Ententeländer" vom 18. April 1919:

17 „Werktätige der Ententeländer! Die von allen Unterdrückern und Ausbeutern befreiten Arbeiter und Bauern Rußlands, die als erste in der Welt das Joch des Kapitalismus abgeschüttelt haben, rufen Euch auf, auf der Hut zu sein und den Druck auf Eure Regierungen nicht abzuschwächen, um sie an der Niederschlagung der Volksrevolution in Rußland zu hindern. Man betrügt Euch. Man will Euch glauben machen, daß Eure Regierungen auf den Gedanken der Einmischung und Unterdrückung der Freiheit der werktätigen Massen in Rußland verzichtet haben, während gleichzeitig neue Angriffe gegen uns vorbereitet und alle Kräfte angespannt werden, um uns zu unterjochen."

Der Kampf der Sowjet-Union um den Frieden, Berlin 1929, S. 67

Gründung der Kommunistischen Internationale

„Die Einladungen zum Gründungskongreß versandte in aller Naivität der Volkskommissar des Äußeren, Genosse Tschitscherin. Es scheint freilich, daß man gleich darauf beschloß, die ‚Komintern', wie die Kommunistische Internationale abgekürzt genannt wurde, nach außen sorgfältig vom russischen Staatsapparat zu trennen. Der Gründungskongreß trat im März 1919 in Moskau zusammen. Es war eine Zufallsgesellschaft. Selbst jene Parteien, die sich anzuschließen beabsichtigten, waren größtenteils außerstande, Delegierte durch das von den Weißen besetzte Gebiet nach Moskau zu senden... Hingegen erschienen die meisten hohen russischen Staatsführer. Aber der Mann des Schicksals auf der Konferenz war der Deutsche Hugo Eberlein. Die Russen wußten trotz ihres chiliastischen Enthusiasmus, daß sich keine neue Internationale ohne die Deutschen denken ließ. Doch Rosa Luxemburg hatte Eberlein beauftragt, sich ausschließlich als Bremser zu betätigen und die Gründung der neuen Internationale im gegebenen Augenblick bedingungslos zu bekämpfen. Sie wollte den Anschluß weiterer Massenparteien abwarten, um Lenins persönlichen Einfluß durch die westeuropäischen Massenbewegungen zu erdrücken und seine Parteidoktrin durch die Traditionen der westlichen Arbeiterbewegung zu überdecken."
(Franz Borkenau, Der europäische Kommunismus, 1952, S. 31)

Memorandum „An die Arbeiter aller Länder" der Kommunistischen Internationale vom 4. März 1919:

18 „Die werktätigen Massen aller Länder müssen von ihren Regierungen den aufrichtig gemeinten Verzicht auf jegliche direkte oder indirekte Intervention gegen Sowjetrußland verlangen. Um nun diesen Forderungen eine Form zu geben, schlägt der Kongreß der III. Internationale allen Völkern folgendes Aktionsprogramm vor.

Die Ehre, die Unabhängigkeit, das elementare Interesse des Proletariats aller Länder fordern, daß es sofort handle, um mit allen ihm zur Verfügung stehenden Mitteln, wenn erforderlich mit revolutionären Mitteln, folgendes durchzusetzen.

1. Die Nichteinmischung der Entente in die inneren Angelegenheiten Sowjetrußlands.

2. Die sofortige Rückberufung aller sich augenblicklich in Rußland befindenden europäischen und asiatischen Truppen der Verbündeten.

3. Das Aufgeben jeglicher direkten oder indirekten Interventionspolitik, sei es in Form von Provozierung oder materieller oder moralischer Unterstützung der russischen Gegenrevolutionäre oder der reaktionären Randländer Rußlands.

4. Die Annullierung der Verträge, die schon abgeschlossen sind und welche die eigene Intervention oder diejenige der russischen Gegenrevolutionäre oder der Nachbarn des russischen Staates bezwecken; die sofortige Rückkehr der diplomatischen und militärischen Missionen in ihre respektiven Länder, welche die Ententeregierungen nach Nord- und Südrußland, Rumänien, Polen, Finnland, die tschechischen Länder delegiert haben, um daselbst den Kampf gegen die Räterepubliken zu provozieren.

5. Die Anerkennung der Rätemacht, die nach 18monatlichem Bestehen fester und populärer als je ist.

6. Die Wiederaufnahme der diplomatischen Beziehungen, unter welcher auch die Delegierung offizieller (sozialistischer) Vertreter nach Rußland und die Anerkennung russischer Vertreter im Ausland verstanden wird.

7. Die Zulassung Delegierter der Sowjetregierung als Vertreter und zwar als alleinige Vertreter des russischen Volkes zum Friedenskongreß. Ein europäischer Friede, der ohne Rußland erörtert und geschlossen würde, wäre nur ein höchst unsicherer Friede. Es wäre gehässig und lächerlich, die Hampelmänner, die die verschiedenen regionalen, von den Verbündeten künstlich geschaffenen Regierungen bilden, die nur dank der Unterstützung der Entente existieren und die übrigens kaum einige persönliche Wünsche und Interessen ver-

treten, als Vertreter ganz Rußlands oder eines Teiles Rußlands ohne die Bolschewiki oder selbst an ihrer Seite zuzulassen.
8. Abbruch der wirtschaftlichen Blockade, deren Fortsetzung Rußland in Kürze dem industriellen Ruin und der Hungersnot preisgeben würde.
9. Die Wiederaufnahme der Handelsbeziehungen und der Abschluß eines wirtschaftlichen Vertrages."

Der I. Kongreß der Kommunistischen Internationale, Hamburg 1921, S. 197 f.

Hoffnungen auf die Weltrevolution

„Der Sturz der Hohenzollern und des Ottomanischen Reichs war das Werk der alliierten Heere, der Sturz der Habsburger das Werk der aufständischen Nationalitäten. Aus diesen Umstürzen erwuchs ein Bündel neuer Staaten... Doch dies waren nationale, nicht soziale Revolutionen, und diese sowie die parallelen Nationalbewegungen in Asien waren damals die einzigen revolutionären Bewegungen außerhalb Rußlands, die echte Bedeutung besaßen. Hingegen waren die vorübergehenden revolutionären Erschütterungen in Deutschland, Österreich, Ungarn und Bulgarien – mit einem Wort in den Ländern der Besiegten – wie heute ganz klar ist, nichts als typische Nachkriegsunruhen, kurze Krämpfe, die kaum eine Spur zurückließen. Die Komintern hingegen starrte auf die Arbeiterbewegung und vor allem auf Deutschland, und nahm so die Nebenprodukte der nationalen Revolution für die echte soziale Revolution." (Franz Borkenau, Der europäische Kommunismus, 1952, S. 33)

Funkspruch des Vorsitzenden des Rates der Volkskommissare, V. I. Lenin, an die Räteregierung in Ungarn vom 8. April 1919:

19 „Bitte geben Sie uns Einzelheiten über die vollzogene Revolution in Bayern. Wir wissen außer dem kurzen Funkspruch der bayerischen Räteregierung nichts. Bitte teilen Sie uns mit, wie die Ereignisse dort verlaufen und ob die neue Ordnung voll und ganz herrscht. Bitte geben Sie uns auf die von mir gestern erbetenen Informationen über Ihr Nationalitätenprogramm Nachricht. Wie steht es in Bayern, in diesem Lande, mit dem Agrarprogramm der Räteregierung? Lenin"

Hans Beyer, Von der Novemberrevolution zur Räterepublik in München, Berlin[-Ost] 1957, S. 160

Telegramm des Vorsitzenden des Exekutivkomitees der Komintern, G. E. Zinov'ev, an die Räteregierung in Bayern vom April 1919:

20 „An den Volkskommissar für Auswärtige Angelegenheiten, München.
Im Namen des Exekutivkomitees der Kommunistischen Internationale bringe ich durch Ihre Vermittlung dem bayrischen Proletariat,

das eine Sowjetrepublik gegründet hat, meinen heißen Gruß dar. Wir sind tief davon überzeugt, daß die Zeit nicht fern ist, wo ganz Deutschland eine Sowjetrepublik sein wird.
Der Kommunistischen Internationale ist bekannt, daß Sie jetzt in Deutschland auf dem verantwortungsvollsten Posten kämpfen. Bei Ihnen werden die nächsten Schicksale der proletarischen Revolution von ganz Europa entschieden.
Es lebe das Proletariat Deutschlands und seine Kommunistische Partei! Es lebe die kommunistische Weltrevolution!
Vorsitzender des Exekutivkomitees der Kommunistischen Internationale: G. Sinowjew"

Helmut Neubauer, München und Moskau 1918/1919, München 1958, S. 56

Telegramm des Volkskommissars für Auswärtige Angelegenheiten, G. V. Čičerin, an die Räteregierung in Bayern vom April 1919:

„An Dr. Franz Lipp, Volkskommissär des Auswärtigen.
21 Bitte berichten Sie uns ausführlich über die Lage in Bayern, soweit der radiotelegraphische Weg, der von der ganzen Welt belauscht werden kann, sich dafür eignet. Die Nauener und Pariser Radiotelegramme verbreiten alle möglichen Nachrichten über die angeblich mißliche Lage der Räte-Regierung Bayerns, über angebliche Opposition seitens der Bauernschaft und der Provinzstädte, sogar Nürnberg und Bamberg. Bitte teilen Sie uns auch mit, welches die Beziehungen der Kommunisten in München zu den Unabhängigen und zu den Scheidemännern sind. Wir schicken täglich das Informationsmaterial an Budapest und hoffen, daß Sie von Budapest aus alles erhalten. Bitte bestätigen Sie uns, ob dies zutrifft. Mehrere Resolutionen des Kongresses der dritten Internationale sind gleichfalls radiotelegraphisch nach Budapest geschickt worden. Die letzten Nauener Radios erzählen, daß die Widersacher der bayerischen Räteregierung München abgeschnitten haben, so daß die Stadt ohne Kohle und notwendige Materialien bleibt. Wir sind ganz ohne Informationen über die wirkliche Lage bei Ihnen.
Volkskommissar des Auswärtigen Tschitscherin
Bitte bestätigen Sie den Empfang dieser Depesche! Wir möchten mit Ihnen direkt in direkte Verbindung treten."

Helmut Neubauer, München und Moskau 1918/1919, München 1958, S. 57 f.

Der Vorsitzende des Exekutivkomitees der Komintern, G. E. Zinov'ev, über die Aussichten einer Weltrevolution im Sommer 1919:

22 „Jetzt, wo wir diese Zeilen niederschreiben, hat die Dritte Internationale als ihre Hauptbasis bereits drei Sowjet-Republiken: in Rußland, in Ungarn und in Bayern. Aber niemand wird sich

wundern, wenn zur Zeit, wo diese Zeilen in Druck erscheinen, wir bereits nicht drei, sondern sechs oder eine größere Anzahl von Sowjet-Republiken haben werden. In tollem Tempo saust das alte Europa der proletarischen Revolution entgegen...
Der Sieg des Kommunismus in ganz Deutschland ist durchaus unvermeidlich. In nächster Zeit wird es noch vereinzelte Niederlagen geben. Die schwarze Farbe wird vielleicht noch hier und da zeitweilig die rote besiegen. Der endgültige Sieg aber wird trotz alledem der roten Farbe bleiben. Und das in den nächsten Monaten, vielleicht sogar Wochen. Die Bewegung geht so schwindelerregend vorwärts, daß man mit Gewißheit sagen kann: nach Jahresfrist werden wir bereits zu vergessen beginnen, daß es in Europa einen Kampf für den Kommunismus gegeben hat, denn nach einem Jahre wird ganz Europa kommunistisch sein. Und der Kampf für den Kommunismus wird sich bereits auf Amerika, vielleicht auch auf Asien und die anderen Erdteile hinüberwerfen."

„Die Kommunistische Internationale", 1919, Nr. 1, S. IX ff.

Die „russische Frage" auf der Versailler Friedenskonferenz

„Bei der Versailler Konferenz im Jahre 1919 hatten die Franzosen, eingedenk des Umstandes, daß Rußland zwar dort nicht vertreten war, aber in der Annahme, daß die Sowjetregierung bald gestürzt würde, für die Aufnahme eines besonderen Artikels – genauer gesagt, des Artikels 116 – in den Friedensvertrag gesorgt. Dieser Artikel sollte Rußland (es wurde nicht gesagt, welchem Rußland) ausdrücklich den Anspruch sichern, kraft des Vertrages, von Deutschland Wiedergutmachungs- und Reparationsleistungen zu erhalten, falls eine russische Regierung irgendwann einmal von diesem Vorrecht Gebrauch zu machen wünschte." (George F. Kennan, Sowjetische Außenpolitik unter Lenin und Stalin, 1961, S. 289 f.)

„Rußland und russische Staaten" im Friedensvertrag von Versailles vom 28. Juni 1919:

23 „Artikel 116.

Deutschland erkennt die Unabhängigkeit aller Gebiete, die am 1. August 1914 zum ehemaligen russischen Reiche gehörten, an und verpflichtet sich, diese Unabhängigkeit als dauernd und unantastbar zu achten. Gemäß den Bestimmungen der Artikel 259 und 292 Teil IX (Finanzielle Bestimmungen) und Teil X (Wirtschaftliche Bestimmungen) des gegenwärtigen Vertrages erkennt Deutschland endgültig die Aufhebung der Verträge von Brest-Litowsk sowie aller an-

deren Verträge, Vereinbarungen und Übereinkommen an, die es mit der maximalistischen Regierung in Rußland abgeschlossen hat.
Die alliierten und assoziierten Mächte behalten Rußland ausdrücklich das Recht vor, von Deutschland alle Entschädigungen und Wiedergutmachungen zu erhalten, die auf den Grundsätzen des gegenwärtigen Vertrages beruhen.

Artikel 117.

Deutschland verpflichtet sich, die volle Rechtskraft aller Verträge oder Abmachungen anzuerkennen, welche die alliierten und assoziierten Mächte mit den Staaten abschließen werden, die sich auf dem Gesamtgebiet des früheren russischen Reiches, wie es am 1. August 1914 bestand, oder in einem Teile desselben gebildet haben oder bilden werden, und die Grenzen dieser Staaten, so wie sie darin festgesetzt werden, anzuerkennen."

Der Friedensvertrag von Versailles, Berlin 1919, S. 80 f.

Entschließung des Rates der Premierminister zur „russischen Frage" vom 13. Dezember 1919:

24 „1. Die von der Konferenz beschlossene russische Politik kann folgendermaßen dargelegt werden: es werden außer den bereits bestehenden im allgemeinen keine weiteren Verpflichtungen übernommen; in bezug auf Sibirien aber einigen sich die USA und Japan über eventuelle Hilfeleistungen an die antibolschewistischen Elemente, sei es durch Entsendung von Truppen, durch Lieferung von Kriegsmaterial oder durch finanzielle Unterstützung; den antibolschewistischen Elementen wird die Möglichkeit gegeben, in den alliierten Staaten Kriegsmaterial zu kaufen; jeder Macht wird freigestellt, allerart politische und andere Missionen, die sich bereits bei den antibolschewistischen Elementen befinden, an Ort und Stelle zu belassen oder auf Grund bereits getroffener Entscheidungen solche Missionen zu entsenden und Sowjetrußland wie mit einem Stacheldrahtverhau zu umgeben.
2. Die Konferenz ist der Auffassung, daß ein starkes Polen den Interessen der Ententemächte entspricht, und behält sich eine Entscheidung über die Art und das Ausmaß der Hilfe vor, die Polen zur Verteidigung seines Territoriums erwiesen werden kann.
3. Die Konferenz hält die Einberufung einer allgemeinen Konferenz von Vertretern der antibolschewistischen Staaten im Augenblick nicht für zweckmäßig.
4. Was die Randgebiete mit nichtrussischer Bevölkerung betrifft, die für ihre Freiheit und Selbständigkeit kämpfen, so sind die Verbün-

deten bereit, ihnen dabei gegebenenfalls Hilfe zu leisten, und zwar in einem Ausmaß, wie es die Umstände erfordern."

B. E. Stein, Die „russische Frage" auf der Pariser Friedenskonferenz 1919–1920, Leipzig 1953, S. 337

Zur Beurteilung des Versailler Systems durch die Sowjetregierung:

25 „Das Versailler System, das durch die Siegerstaaten aus dem ersten Weltkrieg gebildet wurde, ... sollte nach Absicht dessen Schöpfers drei Dinge dauerhaft garantieren:
1. die bedingungslose Herrschaft der siegreichen englisch-französisch-amerikanischen Koalition in Europa;
2. die bedingungslose Unterstellung des besiegten Deutschland unter die englisch-französisch-amerikanische Koalition, die den Sieg erreichte;
3. die Position eines Paria für das revolutionäre Rußland bis zu dem Augenblick, wo unser Land, wie die Führer der Koalition stark glaubten, unter den militärischen und wirtschaftlichen Angriffen der Entente zusammenstürzte und gezwungen wird, in den kapitalistischen Schoß zurückzukehren.
Um dieses Ziel zu erreichen, wurde in Europa ein kompliziertes System politischer, ökonomischer und militärischer Beziehungen geschaffen, deren Wesen in der Errichtung zweier umfangreicher „Sanitär-Cordons" bestand, die zum Teil sich vermengten: einer gegen Deutschland, der andere gegen Sowjetrußland."

I. M. Majskij, Vospominanija sovetskogo posla v Anglii, Moskau 1960, S. 7

Weltrevolutionäre Ziele im Krieg mit Polen

„Die Bedeutung der militärischen Entscheidung vom August 1920 war kaum zu überschätzen. Die Konzentration der militärischen Kräfte Sowjetrußlands auf Polen brachte die Kabinette der Ostseestaaten in eine günstige Position für die Friedensverhandlungen, die sie im Sommer und Herbst 1920 mit der Moskauer Regierung führten... Darüber hinaus war die Schlacht an der Weichsel von geschichtlicher Bedeutung, weil sie den Vormarsch der Roten Armee nach Deutschland und damit eine Möglichkeit der Revolutionierung Mitteleuropas... verhindert hatte." (Hans Roos, Geschichte der Polnischen Nation 1916–1960, 1961, S. 87 f.)

Aus einer Rede des Volkskommissars für Verteidigung, L. D. Trockij, über „Sowjetrußland und das bürgerliche Polen" auf einer Vollversammlung in Gomel am 10. Mai 1920:

26 „Genossen, bevor wir nach den ersten Mißerfolgen in den schweren Kampf ziehen, müssen wir unsere Seele, unser Gewissen freimachen von Feindschaft und Haß gegen das polnische Volk,

falls solche Gefühle in uns leben. Das polnische Volk ist unser Freund und Bruder. Ein Teil von ihm ist betrogen und irregeführt, der andere Teil ist sich des großen Verbrechens seiner Regierung bewußt, aber er windet sich in eisernen Ketten. Unser Krieg ist nicht gegen die polnischen Arbeiter und Bauern gerichtet – nein, er wird *für* sie geführt...
Die polnische Republik ist nicht die Republik der Arbeit, – sie ist die Republik der Bourgeoisie und der Schlachta. Ihr Symbol ist ein weißer Adler, der zwar nur einen Kopf trägt, aber dies ist ein Raubtierkopf, der sich nach links und rechts dreht und sowohl die eigenen polnischen Arbeiter, wie auch die ukrainischen und weißrussischen Arbeiter und Bauern rupft und martert. Der polnische weiße Adler ist ganz mit Blut bedeckt. Es ist unsere Aufgabe, diesem Raubtier den Kopf abzuschlagen und den polnischen Arbeitern und Bauern zu helfen, über der polnischen Republik das Banner zu entfalten, das ebenso wie unseres, das Symbol der Arbeit trägt. Dann wird es zwischen Polen und Rußland keine Feindschaft mehr geben, Einvernehmen und Brüderlichkeit werden herrschen..."

„Russische Korrespondenz", I. Jg. (1920), Bd. 2, S. 468 ff.

Verzicht „für alle Zeiten" auf Litauen

„Während... in vielen... Ländern auf Veranlassung der Sowjets... Versuche unternommen wurden, eine Revolution durchzuführen, zeitigten auch die Bemühungen, zu denselben Regierungen nach außen hin normale Beziehungen zu unterhalten, die ersten Erfolge. Es begann mit den neugebildeten baltischen Staaten." (George F. Kennan, Sowjetische Außenpolitik unter Lenin und Stalin, 1961, S. 234 f.)

Aus dem Friedensvertrag zwischen Sowjetrußland und Litauen vom 12. Juli 1920:

27 „Nach gegenseitigem Vorlegen ihrer Vollmachten, die befunden wurden als aufgesetzt in rechtsgültiger Form und gehöriger Ordnung, sind die genannten Bevollmächtigten in folgendem übereingekommen:
Art. I. Ausgehend von dem in der Russischen Sozialistischen Föderativen Sowjetrepublik proklamierten Rechte aller Nationalitäten auf freie Selbstbestimmung bis zur völligen Trennung vom Mutterlande, erkennt Rußland die Selbständigkeit und Unabhängigkeit des Litauischen Staates mit allen sich aus dieser Anerkennung ergebenden juristischen Folgerungen an und verzichtet aus freien Stücken und für alle Zeiten auf die Souveränitätsrechte Rußlands über das Litauische Volk und sein Territorium.

Die Tatsache der ehemaligen Abhängigkeit Litauens von Rußland auferlegt dem litauischen Volke und seinem Territorium keinerlei Verpflichtungen Rußland gegenüber...
Art. IV. Die beiden vertragschließenden Parteien verpflichten sich:
1. nicht zu dulden auf ihrem Territorium die Bildung und den Aufenthalt von Regierungen, Organisationen oder Gruppen, die den bewaffneten Kampf gegen die andere vertragschließende Partei zum Ziel haben...
Art. XII. In Berücksichtigung dessen, daß Litauen während des Weltkrieges fast vollständig ruiniert worden ist, und daß die litauischen Staatsangehörigen nicht einmal die Möglichkeit haben, ihre Wirtschaft wiederherzustellen und insbesondere die zerstörten und niedergebrannten Bauten infolge der Entwaldung Litauens wiederaufzubauen, erklärt sich die Russische Regierung bereit:
1. Litauen der Schuldbelastung und anderer Verpflichtungen Rußland gegenüber zu entheben...
2. Der Litauischen Regierung das Recht zu gewähren, in den den Grenzen Litauens benachbarten Orten und möglichst in der Nähe der schiffbaren Flüsse und der Eisenbahnen Holz zu fällen...
3. An die Litauische Regierung drei Millionen Rubel in Gold zu übergeben innerhalb einer Frist von anderthalb Monaten vom Tage der Ratifizierung dieses Vertrages...
Art. XIV. Die diplomatischen und konsularischen Beziehungen zwischen den vertragschließenden Parteien werden unverzüglich nach der Ratifikation dieses Vertrages aufgenommen..."

„Russische Korrespondenz", I. Jg. (1920), Bd. 2, S. 636 ff.

Außenpolitische Grundsätze im Spannungsfeld zwischen Diplomatie und Weltrevolution

„...Die Anstrengungen der sowjetischen Diplomatie zu Beginn der zwanziger Jahre waren indessen mit erheblichen Schwierigkeiten verbunden, weil das bolschewistische System noch immer im Verruf einer weltrevolutionären Verschwörung stand, sich einerseits pausenlos gegen die vom Westen erhobenen Vorwürfe verteidigen mußte, andererseits aber die in der Kommunistischen Internationale formulierten Prinzipien nicht verleugnen konnte." (B. A. Osadczuk-Korab, Außenpolitik, in: Sowjetkommunismus, Bd. II, 1964, S. 544)

Aus einer Rede des Volkskommissars für Auswärtige Angelegenheiten, G. V. Čičerin, aus dem Jahre 1920:

28 „Die Lage ändert sich vollkommen mit der Entstehung der revolutionären Sowjetregierung der Arbeiter und Bauern. Zum ersten Mal, nach langer Unterbrechung, stehen vor dem revolutionären Proletariat auf dem Gebiet der staatlichen auswärtigen Politik wieder positive Aufgaben. Zum ersten Mal gibt es unter den bestehenden Regierungen solche, an deren Unterstützung das internationale revolutionäre Proletariat interessiert ist. Diese Regierungen werden zum Zentrum des ganzen Weltkampfes zwischen den unterdrückten und unterdrückenden Ländern und Gruppen. Vor den revolutionären proletarischen Parteien und Gruppen steht eine neue Aufgabe: der Kampf um die Sicherstellung und Befestigung der internationalen Lage der revolutionären Sowjetregierungen. Nur jenen Parteien und Gruppen ist das neue Programm der auswärtigen Politik zugänglich, die selbst auf dem Boden des revolutionären Sowjetprogramms stehen...

In einer etwas anderen Lage als die revolutionären Parteien befinden sich die revolutionären Sowjetregierungen selbst. Als tatsächlich bestehende Regierungen sind sie gezwungen, in gewisse Beziehungen zu den anderen bestehenden Regierungen zu treten; diese Beziehungen aber legen Verpflichtungen auf, mit denen sie rechnen müssen. Der Kommissar für auswärtige Angelegenheiten, der in der Zeitschrift der III. Internationale auftritt, muß in Erwägung ziehen, daß er durch die Lage der Regierung gebunden ist, die schon nicht mehr die Lage einer von der Macht weit entfernten revolutionären Partei ist. Zu gleicher Zeit steht die revolutionäre Sowjetregierung ihrem Charakter und ihren Aufgaben nach in vollem Gegensatz zu den kapitalistischen Regierungen und kann auf keinen Fall an den räuberischen Kombinationen teilnehmen.

Sie hat daher die Aufgabe, mit allen Regierungen in Frieden zu leben oder nach dem Frieden mit ihnen zu streben, sich aber sorgfältig von jeder Teilnahme an irgendwelchen Koalitionen und Kombinationen der imperialistischen Gelüste fernzuhalten. Alle Sowjetregierungen sind, während sie alle in gleicher Weise in vollem Gegensatz zu den kapitalistischen Regierungen stehen, untereinander notwendigerweise Verbündete, selbstverständlich Verbündete im Sinne der Verteidigung, da die angreifende Politik ihnen allen gleich fremd ist. Die Forderungen der Staatsverteidigung, die das wichtigste Moment der internationalen Politik der kapitalistischen Regierungen sind, bilden ebenfalls das erste Moment der auswärtigen Politik der Sowjetregierungen. In bezug auf die ‚Vaterlandsverteidigung' der kapitalistischen Regierungen muß die Stellung des revolutionären Proletariats rein ablehnend negativ sein. Im Gegenteil, die Verteidigung der Sowjetregierung der Arbeiter und Bauern ist für diese von allergrößter Wichtigkeit. Aber wie die Verteidigung der kapitalistischen Staaten nicht nur von Soldaten und mit Geschützen betrieben wird, sondern auch in keineswegs geringerem Maße durch die Diplomaten, die die Möglichkeit feindlicher Koalitionen, gegen welche Geschütze und Soldaten machtlos wären, zu beseitigen sucht, ebenso müssen bei der Verteidigung der Sowjetregierungen internationale politische Beziehungen, die die Beseitigung der Gefahren feindlicher Koalitionen bezwecken, eine bedeutende Rolle spielen. Internationale Beziehungen aber, die die Beseitigung der Gefahr eines Überfalls zum Ziel haben, legen auch bestimmte Verpflichtungen auf. Im gegenwärtigen historischen Augenblick, da die von allen Seiten von Feinden umgebenen Sowjetregierungen mit unglaublichen Schwierigkeiten und Gefahren zu kämpfen haben und selbst ihre Existenz bedroht ist, müssen sie im höchsten Grade diese Forderungen der auswärtigen Politik in Betracht ziehen.

Die Rolle der Sowjetdiplomatie ist eine streng verteidigende, und sie ist auch eine im hohen Maße verantwortliche. Wenn wir also von den positiven Aufgaben der III. Internationale sprechen, so können wir mit den kommunistischen Parteien nicht die Sowjetregierungen identifizieren, in denen diese Parteien vorherrschen."

G. Tschitscherin, Die internationale Politik zweier Internationalen, Hamburg o. J., S. 11 ff.

Aus einer Rede des Volkskommissars für Auswärtige Angelegenheiten, G. V. Čičerin, auf der außerordentlichen Sitzung des Allrussischen Exekutivkomitees am 25. Oktober 1920:

29 „Am 25. September hat sich das Allrussische Exekutivkomitee mit einer Friedensdeklaration an Polen gewandt... Wir hatten Polen vorgeschlagen, die Politik der Pufferstaaten fallen zu lassen, wobei wir uns statt dessen bereit erklärten, ihm territoriale Zugeständnisse zu machen. Die Politik des Pufferalismus, die die Schaffung fiktiv selbständiger Staaten in der Ukraine, Weißrußland und am Kuban anstrebt, sollte die faktische Herrschaft Polens bis zu den Ufern des Kaspischen Meeres ins Werk setzen. Das war der ehrgeizige Plan des polnischen Imperialismus. Daneben gibt es eine andere Strömung, eine äußerst rechte, die Wrangel stützt, sie steht für die Politik der Schaffung eines einheitlichen ungeteilten Rußlands, das allein die Möglichkeit einer vollen Reaktion in Polen bietet. Diese Uneinigkeit im Feindeslager gibt uns die Möglichkeit, Verhandlungen anzuknüpfen. Unzweifelhaft sind wir auf einen großen Kompromiß eingegangen. Polen verpflichtet sich mit Rußland und der Ukraine Frieden zu schließen, ohne sich in ihre inneren Angelegenheiten hineinzumischen. Dafür erhält es aber einen bedeutenden Territorialzuwachs. Die territorialen Friedensbedingungen sind sehr schwer für uns, aber wir sind immer Anhänger des Friedens gewesen... Bei der Schließung des endgültigen Friedens müssen allerdings noch einige höchst wichtige Fragen durchgesehen werden, z. B. finanziell ökonomische Fragen. Aber die allgemeinen Grundlagen sind durch den Präliminarfrieden bereits festgelegt, und zwar: Beide Seiten sehen von einer Kriegsentschädigung und von dem Staatsbesitz ab, der mit dem Territorium der anderen Seite verbunden ist... Ihr seht, daß der Friede, der Kompromiß, den man Euch anbietet, im allgemeinen sehr schwer für uns ist, denn wir können die weißrussischen brüderlichen Massen nicht vergessen, die unter das Joch Polens geraten. Aber diese Opfer müssen gebracht werden, denn sie sind notwendig für das Wohl der ganzen Republik."

„Russische Korrespondenz", I. Jg. (1920), Nr. 17–18 (November), S. 1048

II. Eintritt in die internationale Politik (1921–1927)

Bereitschaft zur Zusammenarbeit mit „kapitalistischen Ländern"

„Es war nun für die Sowjetregierung wesentlich, das wirtschaftliche Verdikt, das die europäische Mißbilligung ihrer Lehren über sie ausgesprochen hatte, zu durchbrechen zu suchen: Wohl, der Mensch lebt nicht vom Brot allein; aber die russische Hungersnot von 1921 machte es offenbar, daß in einer ringsum kapitalistischen Welt die Prinzipien des Kommunismus kein zufriedenstellender Ersatz waren." (G. M. Gathorne-Hardy, Kurze Geschichte der internationalen Politik 1920–1939, 1948, S. 121)

Aus dem Beschluß des X. Parteitages der Kommunistischen Partei Rußlands (Bol'ševiki) vom 8. bis 10. März 1921:

30 „Drei Jahre lang versuchten die kapitalistischen Mächte, die Sowjetmacht durch bewaffnetes Eingreifen zu stürzen, Rußland zu einer Kolonie zu machen und damit die russischen Rohstoffe und die russischen Arbeiter und Bauern in eine Profitquelle für das ausländische Kapital zu verwandeln. Durch die heroischen Anstrengungen der Werktätigen schlug die Sowjetrepublik diese Versuche zurück und erkämpfte sich dadurch die Möglichkeit, auf der Grundlage gegenseitiger politischer und Handelsverpflichtungen als unabhängiger Staat Beziehungen zu kapitalistischen Staaten aufzunehmen.
Andererseits zwingt der Mißerfolg der Intervention und die Gier der im Weltmaßstab miteinander konkurrierenden Gruppen, die durch Ausnutzung der natürlichen Reichtümer Rußlands ihre Profite vergrößern wollen, eine Reihe kapitalistischer Staaten, zur Herstellung von Vertragsbeziehungen mit der Sowjetrepublik überzugehen.
Die Möglichkeit neuer, auf Verträgen und Übereinkommen beruhender Beziehungen zwischen der Sowjetrepublik und den kapitalistischen Ländern muß in erster Linie für die Hebung der Produktivkräfte der Republik wie auch für die Verbesserung der Lage der wichtigsten Produktivkraft, der Arbeiterklasse, genutzt werden.
Diese Hauptaufgabe der Sowjetrepublik kann in großem Ausmaß und in kurzer Frist nicht ohne Ausnutzung der ausländischen Technik, der ausländischen Ausrüstung, ohne Ausnutzung von im Ausland produzierten Produktionsmitteln usw. gelöst werden.
Eine der unter den jetzigen Bedingungen praktisch anzuwendenden Formen der Teilnahme des ausländischen Kapitals an der Nutzbarmachung der natürlichen Reichtümer der Sowjetrepublik sind die Konzessionen, bei denen der Konzessionär als Entgelt einen bestimmten Anteil an dem Produkt erhält, das in den in Konzession gegebenen Betrieben gewonnen wird...

Als eine im Grunde bekannte Form des wirtschaftlichen Übereinkommens zwischen der sozialistischen Republik und den in industrieller Beziehung entwickelteren kapitalistischen Ländern müssen die Konzessionen gleichzeitig als ein mächtiges Mittel zur Entwicklung der Produktivkräfte der Sowjetrepublik und zur Festigung der in ihr vorhandenen Grundlagen der sozialistischen Wirtschaft werden.

Von diesen Leitsätzen ausgehend, billigt der Parteitag

1. die Politik der Sowjetmacht, die auf die Herstellung normaler Handelsbeziehungen zwischen der Sowjetrepublik und den anderen Ländern durch Abschluß von Handelsverträgen und Übereinkommen abzielt;
2. billigt der Parteitag ferner die Dekrete des Rates der Volkskommissare vom 23. November 1920 über die allgemeinen wirtschaftlichen und juristischen Bedingungen der Konzessionen;
3. weist der Parteitag darauf hin, daß die Sicherung der wirtschaftlichen und politischen Unabhängigkeit des gesamten Territoriums der Sowjetrepublik wie auch der Arbeitsschutz der in den Konzessionsbetrieben tätigen Bürger der Russischen Sozialistischen Föderativen Sowjetrepublik besondere Bedingungen in den Übereinkommen jedweder Art mit kapitalistischen Staaten oder Gruppen erforderlich machen." *Zur Geschichte der UdSSR, Teil I, Berlin[-Ost] 1960, S. 102 f.*

Handelsabkommen als Meilenstein der Normalisierung

„Die unmittelbarste Bedeutung dieses Abkommens bestand darin, daß die Blockade nun tatsächlich und endgültig gebrochen war. Sowjetrußland erhielt die Möglichkeit, mit einem hochindustrialisierten Staat wie Großbritannien legale Handelsbeziehungen zu unterhalten, dort für die Ankurbelung seiner daniederliegenden Wirtschaft die nötigen landwirtschaftlichen Geräte, Lokomotiven, Maschinen und Apparate aller Art einzukaufen. Allein dieser Umstand hätte die zehn Monate dauernden zähen Verhandlungen gerechtfertigt. Fast noch wichtiger war aber der Umstand, daß die Unterzeichnung in London sich beinahe wie ein Signal auf Europa auswirkte... Der Grundstein für die Normalisierung der Beziehungen Sowjetrußlands mit der westlichen Welt war gelegt." (Judit Garamvölgyi, Aus den Anfängen sowjetischer Außenpolitik, 1967, S. 121)

Aus dem britischen Entwurf eines britisch-sowjetischen Handelsabkommens vom Januar 1921:

31 „Jede Partei enthält sich feindlicher Handlungen oder Unternehmungen gegen die andere und jeglicher offiziellen Propaganda außerhalb ihrer eigenen Grenzen, die direkt oder indirekt

gegen die Einrichtungen des Britischen Empire bzw. der Russischen Sowjetrepublik gerichtet ist, und insbesondere enthält sich die Russische Sowjetregierung aller Versuche durch militärische, diplomatische oder andere Aktionen und Propaganda, die die Völker Asiens, besonders in Kleinasien, Persien, Afghanistan und Indien, zu irgendwelchem feindlichen Vorgehen gegen die britischen Interessen oder gegen das Britische Empire ermutigen...
Mit der Unterzeichnung des vorstehenden Handelsabkommens erklären beide Parteien, daß alle Forderungen einer der beiden Parteien oder ihrer Staatsangehörigen gegenüber der anderen Partei in bezug auf Eigentum oder Rechte oder in bezug auf Verpflichtungen, die von der bestehenden oder einer früheren Regierung eines der beiden Länder eingegangen worden sind, in dem allgemeinen Friedensvertrag, der in der Präambel erwähnt wird, gerecht gelöst werden sollen."

W. P. und Zelda K. Coates, Vom Interventen zum Alliierten 1917–1942, Berlin[-Ost] 1959, S. 70 f.

Aus einer sowjetischen Stellungnahme zum britischen Entwurf des Handelsabkommens in einer Note vom 5. Februar 1921:

32 „Die russische Regierung muß... darauf hinweisen, daß in dem neuen, Herrn Krassin übergebenen Entwurf eine Klausel über die allgemeinen Schulden der ehemaligen russischen Regierungen eingefügt worden ist, die in früheren Entwürfen nicht enthalten war. Diese Klausel muß unter allen Umständen wieder entfallen."

W. P. und Zelda K. Coates, Vom Interventen zum Alliierten 1917–1942, Berlin[-Ost] 1959, S. 71

Aus dem sowjetischen Entwurf eines britisch-sowjetischen Handelsabkommens vom Februar 1921:

33 „Andererseits wird sich die Regierung des Vereinigten Königreiches ihrerseits jeder Handlung oder Unterstützung irgendwelcher feindlicher Maßnahmen oder Propaganda enthalten, die sich in irgendeiner Form gegen die Interessen oder die Sicherheit Sowjetrußlands sowohl in den obenerwähnten Ländern als auch in den Ländern, die früher Teile des Russischen Reiches darstellten und jetzt aufgrund des Selbstbestimmungsrechtes der Nationen selbst unabhängige Staaten geworden sind, richten.
Die Regierung des Vereinigten Königreiches wird sich ebenfalls der Förderung oder Unterstützung von Maßnahmen enthalten, die sich in irgendeiner Weise feindlich gegen Sowjetrußland richten und von

seiten Japans, Deutschlands, Polens, Rumäniens, Ungarns, der Tschechoslowakei, Bulgariens, Griechenlands oder Jugoslawiens kommen. Sie wird sich auch nicht in die Beziehungen Sowjetrußlands zu anderen Staaten einmischen oder diese Beziehungen in irgendeiner Weise behindern.
Die vertragschließenden Parteien verpflichten sich gegenseitig, die Unabhängigkeit und Integrität Persiens, Afghanistans und des Gebiets, das der Türkischen Nationalversammlung untersteht, zu respektieren."

W. P. und Zelda K. Coates, Vom Interventen zum Alliierten 1917–1942, Berlin[-Ost] 1959, S. 71

Aufrechterhaltung des Feindbildes

„Das Jahr 1921 bedeutet nicht die Aufgabe der weltrevolutionären Ziele, aber es bedeutet, daß der Primat der Weltrevolution unter den Bestimmungsfaktoren der sowjetischen Außenpolitik ins Wanken geraten war." (Judit Garamvölgyi, Aus den Anfängen sowjetischer Außenpolitik, 1967, S. 127)

Aus der „Deklaration über die internationale Lage der Russischen Sozialistischen Föderativen Räterepublik" des IX. Allrussischen Sowjetkongresses vom Dezember 1921:

34 „Der IX. Allrussische Sowjetkongreß konstatiert vor der werktätigen Bevölkerung der ganzen Welt und aller gerecht denkenden Menschen erneut die Tatsache, daß die Weltreaktion, in ihrem Bestreben, die Arbeiter- und Bauernrevolution in Rußland abzuwürgen, trotz aller Bemühungen der Sowjetregierung, freundschaftliche Beziehungen zu allen Staaten anzubahnen, ihre Waffen bisher nicht niedergelegt hat und gegenwärtig sich der an die Sowjetrepubliken angrenzenden Staaten als einer solchen Waffe zur Erzielung ihrer Zwecke bedient. Obgleich die Sowjetregierungen sich alle Mühe gaben, mit diesen Staaten gutnachbarliche Beziehungen herzustellen und zu diesem Zweck das denkbar größte Entgegenkommen zeigten und sogar schwere Opfer brachten, unterlassen es die militärischen und chauvinistischen Parteien dieser Staaten keinen Augenblick, in dieser oder jener Form Angriffe gegen Sowjet-Rußland vorzubereiten oder auszuführen, wobei die Bourgeoisie dieser Länder in Gestalt ihrer Regierungen zum Teil die Militärparteien unterstützt, zum Teil ihre Abneigung oder Unfähigkeit erkennen läßt, sie an dieser ihrer Tätigkeit zu behindern."

„Russische Korrespondenz", III. Jg. (1922), Nr. 1–3 (Januar–März), S. 79 f.

Erster Auftritt auf internationalem Parkett

„Die Deutschen ... waren nicht sicher, welche Haltung die Sowjets einnehmen würden, wenn die Alliierten Moskau dazu drängen würden, die zaristischen Schulden zu bezahlen und sich auf Kosten der Deutschen zu entschädigen. Aus diesen Gründen hing im Jahre 1921 der Artikel 116 drohend über Deutschland wie das Damoklesschwert. Wenn nichts zur Änderung der Lage geschehen würde, bestand Gefahr, daß auf der Konferenz von Genua dieses Schwert niedersausen würde. Die Russen, immer bestrebt, die Deutschen von der übrigen westlichen Gemeinschaft schon vor dem Zusammentreten der Konferenz abzusplittern, machten sich dieses Drohinstrument recht geschickt zunutze.“ (George F. Kennan, Sowjetische Außenpolitik unter Lenin und Stalin, 1961, S. 290 f.)

Der Vorsitzende des Rates der Volkskommissare, V. I. Lenin, über die Teilnahme an der Konferenz von Genua 1922:

35 „Wenn wir als Kaufleute nach Genua gehen, so ist es uns begreiflicherweise nicht gleichgültig, ob wir es mit jenen Vertretern des bürgerlichen Lagers zu tun haben, die zur kriegerischen Lösung der Frage neigen, oder mit jenen Vertretern des bürgerlichen Lagers, die zum Pazifismus neigen, mag er auch der allerübelste sein und vom Standpunkt des Kommunismus nicht einmal der Spur einer Kritik standhalten. Das wäre doch ein schlechter Kaufmann, der es nicht verstände, diesen Unterschied zu erfassen und zur Erreichung praktischer Ziele ihm seine Taktik anzupassen.
Wir gehen nach Genua mit dem praktischen Ziel, den Handel auszudehnen und Bedingungen zu schaffen, unter denen er sich am großzügigsten und erfolgreichsten entwickeln könnte. Aber wir bürgen keineswegs für einen Erfolg der Genueser Konferenz. Dafür bürgen zu wollen, wäre lächerlich und sinnlos. Ich muß sagen, daß bei einer ganz nüchternen und vorsichtigen Einschätzung der Möglichkeiten, die Genua zur Zeit bietet, es dennoch, glaube ich, nicht übertrieben sein dürfte, wenn man sagt, daß wir dieses unser Ziel erreichen werden.“

Zur Geschichte der UdSSR, Bd. I, Berlin[-Ost] 1960, S. 136

Aus einer Rede des Vorsitzenden des Rates der Volkskommissare, V. I. Lenin, „zur Lage“ auf der Fraktionssitzung des Allrussischen Verbandstages der Metallarbeiter am 6. März 1922:

36 „Es ist Euch wohlbekannt, daß der Schwerpunkt unserer Außenpolitik noch immer in der Genuakonferenz liegt. Ich möchte nicht meinen Kopf dafür geben, daß diese Priorität der Genuafrage vollkommen begründet ist. Wir müssen uns selbst und allen, die an den Geschicken unserer Arbeiter- und Bauernrepublik ein Interesse haben, sagen, daß unsere Einstellung zur Frage der Genuakonferenz von Anfang an fest war und fest bleibt.

Wir haben von Anfang an erklärt, daß wir Genua begrüßen und es beschicken wollen. Wir verstanden vollkommen, und wir verheimlichten nicht einen Augenblick, daß wir als Kaufleute nach Genua gehen, weil wir den Handel mit den kapitalistischen Ländern, solange diese noch nicht zusammengebrochen sind, notwendig brauchen; daß wir nach Genua gehen, um die notwendigen politischen Vorbedingungen am zweckmäßigsten und am vorteilhaftesten zu besprechen. Die kapitalistischen Staaten, deren Regierungen zuerst die Genuakonferenz planten und anstrebten, wissen das natürlich sehr gut, daß die Reihe der Handelsverträge, die uns mit verschiedenen kapitalistischen Ländern verbinden, immer länger wird, daß die Zahl der praktisch durchgeführten Geschäfte wächst und die Zahl der bis in die kleinsten Einzelheiten besprochenen Handelsunternehmungen, an denen die ausländischen Kontrahenten und verschiedene Zweige unserer Industrie in den am mannigfaltigsten Kombinationen teilnehmen, gegenwärtig sehr groß ist. Daher ist die praktische Grundlage, auf der wir in Genua verhandeln werden, den kapitalistischen Staaten wohlbekannt. Und wenn man zu dieser Grundlage noch ein Schock politischer Redereien, Vermutungen und Entwürfe hinzusetzt, so muß man verstehen, daß dies alles nichts als Überbau ist, der von den daran Interessierten sehr oft künstlich ausgedacht, konstruiert und verwirklicht wird.

Im Laufe der über vierjährigen Existenz der Sowjetmacht haben wir genügend große praktische Erfahrung in diesen Dingen gesammelt, – ich rede schon nicht davon, daß wir die Dinge auch vorher theoretisch begriffen – um das diplomatische Ränkespiel, das die Vertreter der bürgerlichen Staaten nach allen Regeln der veralteten diplomatischen Kunst spinnen, nach seinem wahren Wert zu beurteilen. Wir wissen gut, was hinter diesem Spiele steckt: wir wissen, daß man mit uns handeln will. Die bürgerlichen Staaten müssen Handel mit Rußland treiben. Sie wissen es ausgezeichnet, daß, wenn es ihnen nicht gelingt, die wirtschaftlichen Wechselbeziehungen in irgendwelcher Form anzuknüpfen, ihr Zerfall auch weiterhin fortschreiten wird, wie er schon jetzt fortschreitet...

Aber gleichzeitig sagen wir, daß wir den Handel mit den kapitalistischen Staaten, solange diese noch existieren, notwendig brauchen. Wir gehen, um als Kaufleute mit ihnen zu verhandeln. Daß wir keine Redensarten machen, dafür zeugen die Handelsverträge mit den kapitalistischen Staaten, deren Zahl dauernd wächst."

„Russische Korrespondenz", III. Jg. (1922), Nr. 4–5 (April–Mai), S. 330 f.

Aus der Rede des Volkskommissars für Auswärtige Angelegenheiten, G. V. Čičerin, auf der Eröffnungssitzung der Konferenz von Genua am 10. April 1922:

37 „Die russische Delegation, die nach wie vor die Grundsätze des Kommunismus vertritt, ist der Ansicht, daß in der heutigen Zeit, die eine Parallelexistenz der alten und der im Werden begriffenen neuen sozialen Ordnung möglich macht, die wirtschaftliche Zusammenarbeit zwischen den diese beiden Wirtschaftssysteme vertretenden Staaten für den allgemeinen wirtschaftlichen Aufbau eine gebieterische Notwendigkeit ist. Die russische Delegation schreibt daher die größte Wichtigkeit dem ersten Punkt der Resolution von Cannes zu, welcher die gegenseitige Anerkennung der verschiedenen Wirtschaftssysteme und verschiedenen politischen und wirtschaftlichen Formen, die gegenwärtig in den einzelnen Ländern bestehen, proklamiert. Die russische Delegation ist nicht in der Absicht hierher gekommen, ihre eigenen theoretischen Anschauungen zu propagieren, sondern um praktische Beziehungen mit den Regierungen, den Handels- und Industriekreisen anderer Länder auf Basis der Gegenseitigkeit, Gleichberechtigung und voller Anerkennung anzuknüpfen. Die Aufgabe des Wiederaufbaues der Weltwirtschaft ist unter den heutigen Verhältnissen groß und bedeutend, so daß sie nur gelöst werden kann, wenn alle europäischen und außereuropäischen Länder den aufrichtigen Wunsch zu erkennen geben, gemeinsam zu handeln, und bereit sind, gegebenenfalls zeitweilige Opfer zu bringen. Die wirtschaftliche Wiederherstellung Rußlands, des größten Landes in Europa, das über ungeheure Naturschätze verfügt, ist eine unbedingte Voraussetzung für den Wiederaufbau der Weltwirtschaft. Rußland seinerseits erklärt sich bereit, zur Lösung der vor der Konferenz stehenden Aufgabe mit allen ihm zur Verfügung stehenden Mitteln beizutragen, und Rußlands Mittel sind nicht unbedeutend."

„Russische Korrespondenz", III. Jg. (1922), Nr. 4–5 (April–Mai), S. 230

Memorandum der sowjetrussischen Delegation an die Konferenz von Genua vom 20. April 1922:

38 „Die Delegation ist der Auffassung, daß eine Verständigungsgrundlage für die strittigen Fragen in den drei Grundthesen der Resolution von Cannes gefunden werden könne:

1) Anerkennung der vollen Souveränität jeder Nation in der Festsetzung des Systems des Eigentums, der Wirtschaft und der Verwaltung ihres eigenen Landes;

2) gesetzgeberische, gerichtliche und administrative Garantien für die persönlichen und Eigentumsrechte der Ausländer, die sich nach

Rußland zu begeben wünschen, um dort eine wirtschaftliche Tätigkeit auszuüben; und
3) Anerkennung des Prinzips der Gegenseitigkeit gegenüber allen Regierungen bei der Erfüllung ihrer Verpflichtungen und der Aufrechnung der von fremden Staatsbürgern erlittenen Schäden...
Die Delegation erklärt, daß die Sowjetmacht, die aus der großen russischen Revolution hervorgegangen ist, die Verpflichtungen, die sie übernommen hat, immer erfüllt hat und willens ist, sie auch weiter zu erfüllen, und daß die rechtlichen Garantien, die sie irgendjemandem bietet, nicht weniger fest begründet sind als die irgendeines anderen souveränen Staates...
Wenn die Sowjetmacht sich geweigert hat, die Verpflichtungen der voraufgegangenen Regierungen anzuerkennen oder die Ansprüche der Personen zu befriedigen, die unter den Maßnahmen ihrer Innenpolitik, wie z. B. durch Nationalisierung der Betriebe, Kommunalisierung der Gebäude, Requisition oder Konfiskation von Privatvermögen, gelitten haben, so nicht deshalb, weil sie „unfähig" oder „unwillig" ist, ihren Verpflichtungen nachzukommen, sondern einfach aus grundsätzlichen Erwägungen oder aufgrund von Staatsnotwendigkeiten.
Die Revolution vom Jahre 1917 beseitigte völlig alle alten ökonomischen, sozialen und politischen Beziehungen und ersetzte die alte Gesellschaft durch eine neue, übergab die Macht in Rußland der neuen gesellschaftlichen Klasse; dadurch zerstörte sie die Kontinuität der zivilen Verpflichtungen, die einen integrierenden Bestandteil des Wirtschaftssystems der untergegangenen Gesellschaft darstellten und die mit dieser Gesellschaft untergegangen waren... Die Intervention und die Blockade der alliierten Mächte und der von ihnen unterstützte Bürgerkrieg, der sich drei volle Jahre hinzog, haben Rußland Schaden zugefügt, der bei weitem die Forderungen übersteigt, die die durch die russische Revolution geschädigten Ausländer erheben könnten. Abgesehen von dem Gold, den Warenlagern und den Sachwerten, die entweder im Ausland sequestriert oder aus Rußland fortgeschleppt wurden, fordert der russische Staat Entschädigung für die Kriegsverwüstungen, für die zerstörten Eisenbahnen, Brücken, für rollendes Material, Hafeneinrichtungen und Bauten aller Art, für die versenkten Schiffe, sowie für die Fabriken, Industriewerke, Bergwerke und das Privateigentum seiner Staatsangehörigen, für die niedergebrannten oder verheerten Bauernhöfe und Wohnhäuser in den Städten. Weiter fordert er die Rückgabe seiner Kriegs- und Handelsflotte, die von den alliierten Mächten selbst oder von den unter ihrem Schutz stehenden weißen Armeen beschlagnahmt worden sind. Neben diesen Forderungen im Zusammenhang mit den

Schäden, die dem Staatsvermögen wie dem Privatbesitz Rußlands unmittelbar zugefügt wurden, bleibt noch eine lange Liste von Schäden auszugleichen, die der nationalisierten Industrie oder dem Privatbesitz zugefügt wurden infolge der militärischen Operationen auf den von ausländischen oder weißen Armeen besetzten Gebieten und schließlich infolge der Ausgaben für den Unterhalt von mehreren hunderttausend Invaliden des Bürgerkrieges und für die Hinterbliebenen der Opfer.
Diese vom russischen Volk und vom russischen Staat erlittenen Schäden geben unbestreitbar weit eher das Recht auf Entschädigung, als die Forderungen der ehemaligen Eigentümer von Besitzungen in Rußland oder von russischen Anleihen...
Dennoch wünscht die Regierung der Russischen Republik einen günstigen Boden für eine Verständigung und zur Wiederherstellung von geschäftlichen Beziehungen mit dem ausländischen Kapital zu finden und ist bereit, den ausländischen Staatsangehörigen das Recht zur Forderung nach der Ersetzung der von ihnen erlittenen Verluste zuzugestehen, jedoch nur unter der Bedingung der vollkommenen Gegenseitigkeit..."

Dokumenty vnešnej politiki SSSR, Tom V, Moskau 1961, S. 232 ff.

Zusammenarbeit mit dem Deutschen Reich

„Was... den Rapallo-Vertrag selbst angeht, so verschafften sich beide Mächte durch ihn in der damals bestehenden politischen Gesamtkonstellation zweifellos eine gewisse außenpolitische Bewegungsfreiheit und wohl auch gegenseitige Rückendeckung. Im übrigen ist seine Bedeutung im Zeitpunkt des Zustandekommens von beiden Vertragspartnern recht nüchtern beurteilt, jedenfalls nicht überschätzt oder gar glorifiziert worden." (Karl-Heinz Ruffmann, Sowjetunion, 1972, S. 167)

Aus dem Vertrag von Rapallo vom 16. April 1922:

39 „Artikel 1

Die beiden Regierungen sind darüber einig, daß die Auseinandersetzung zwischen dem Deutschen Reich und der Russischen Sozialistischen Föderativen Sowjetrepublik über die Fragen aus der Zeit des Kriegszustandes zwischen Deutschland und Rußland auf folgender Grundlage geregelt wird:
a) Das Deutsche Reich und die Russische Sozialistische Föderative Sowjetrepublik verzichten gegenseitig auf den Ersatz ihrer Kriegskosten sowie auf den Ersatz der Kriegsschäden...

b) Die durch den Kriegszustand betroffenen öffentlichen und privaten Rechtsbeziehungen, einschließlich der Frage der Behandlung der in die Gewalt des anderen Teiles geratenen Handelsschiffe, werden nach dem Grundsatz der Gegenseitigkeit geregelt werden.
c) Deutschland und Rußland verzichten gegenseitig auf Erstattung der beiderseitigen Aufwendungen für Kriegsgefangene...

Artikel 3

Die diplomatischen und konsularischen Beziehungen zwischen dem Deutschen Reiche und der Russischen Sozialistischen Föderativen Sowjetrepublik werden sogleich wiederaufgenommen. Die Zulassung der beiderseitigen Konsuln wird durch ein besonderes Abkommen geregelt werden."

Deutsch-sowjetische Beziehungen von den Verhandlungen in Brest-Litowsk bis zum Abschluß des Rapallovertrages, Bd. II, Berlin[-Ost] 1971, S. 585 ff.

Aufzeichnung des deutschen Botschafters in Moskau, des Grafen Brockdorff-Rantzau, vom 20. Februar 1924:

40 „Ende Juli vorigen Jahres haben in Gegenwart des russischen Botschafters Krestinski und des Botschaftssekretärs Ustinoff zwischen dem damaligen Reichskanzler Dr. Cuno und Herrn Raschin geheime Besprechungen stattgefunden, denen ich beiwohnte. Es handelte sich um die Beteiligung Deutschlands an dem Aufbau der russischen Rüstungsindustrie und deutsche Bestellungen für Kriegsmaterial in Rußland. Die erforderlichen Kredite waren vorher in vertraulichen Verhandlungen... bis zur Höhe von 35 Millionen Mark gesichert...

Die Gewährung eines Kredits über diese 35 Millionen hinaus habe ich befürwortet unter der Voraussetzung, daß uns wirtschaftlich und politisch russischerseits weitgehende Konzessionen gemacht würden...

Herr Dr. Cuno hat infolgedessen Herrn Raschin erklärt, nachdem die 35 Millionen von den Vertretern des Reichswehrministeriums in Moskau zugesagt seien, mache die deutsche Regierung jede weitere finanzielle Unterstützung der russischen Rüstungsindustrie von zwei Bedingungen abhängig, sie verlange:

1) eine politische Sicherung bezüglich Polens,
2) eine Vorzugstellung bei dem Wiederaufbau der russischen Rüstungsindustrie in der Richtung, daß in allen Betrieben, in denen deutsche Firmen und Arbeiter beschäftigt würden, keine Ausländer zugelassen werden sollten.

Herr Raschin erklärte sich mit diesen Bedingungen einverstanden, und ich erhielt den Auftrag, nach meiner für Anfang September in Aussicht genommenen Rückkehr in Moskau die endgültigen Vereinbarungen mit den russischen zuständigen Behörden abzuschließen. Am Tage meiner Abreise nach Moskau, die sich um zwei Wochen verzögerte und erst am 15. September erfolgte, empfing mich der Herr Reichspräsident in Gegenwart Herrn Dr. Stresemanns... Sowohl der Herr Reichspräsident wie Herr Dr. Stresemann erklärten, sie lehnten jede Verhandlungen militärischer Stellen in Moskau ab und verlangten, daß die bisherige Aktion in der Frage der Rüstungsindustrie ausschließlich auf das wirtschaftliche Gebiet übergeführt werde. Entsprechend dieser mir erteilten Instruktion habe ich bei meinem ersten Besuch Ende September v. Js. Herrn Tschitscherin gegenüber nicht auf der Erfüllung der von Herrn Raschin gemachten Zusagen bestanden, sondern den Volkskommissar nur beiläufig gefragt, ob Herr Raschin über das Ergebnis seiner Unterredung mit Herrn Dr. Cuno berichtet habe. Tschitscherin bejahte meine Frage, ohne sich auf Einzelheiten einzulassen.

Wenige Tage später erschien Herr Radek bei mir und äußerte, er habe erfahren, daß ich Herrn Tschitscherin nach der Stellungnahme der russischen Regierung bezüglich der von Herrn Raschin in Berlin geführten Verhandlungen gefragt habe; er fügte hinzu, ich werde in den nächsten Tagen eine offizielle Antwort der russischen Regierung erhalten. Auf meine Erwiderung, es habe sich bei meiner Bemerkung Herrn Tschitscherin gegenüber nicht um einen offiziellen Schritt der deutschen Regierung, sondern lediglich um eine ‚akademische' Frage meinerseits gehandelt, erwiderte Radek sehr gereizt wörtlich: ‚Wir wären zu militärischen Abmachungen bereit, wenn Sie aber nur eine akademische Frage gestellt haben, werden Sie auch eine entsprechende akademische Antwort erhalten. Sie können uns nicht zumuten, daß wir uns für lumpige Millionen, die Sie bieten, einseitig politisch binden, und, was das Monopol betrifft, das Sie für die deutsche Industrie in Anspruch nehmen, so denken wir nicht entfernt daran, uns darauf einzulassen; im Gegenteil, wir nehmen alles, was wir militärisch brauchen können, wo wir es finden. So haben wir in Frankreich Flugzeuge gekauft und werden uns auch von England liefern lassen.'

Diese brutal offene Antwort Radeks... beweist, daß die russische Regierung die von dem Reichskanzler Dr. Cuno an die finanzielle Beteiligung Deutschlands bei dem Aufbau der russischen Rüstungsindustrie ausdrücklich geknüpften Bedingungen nicht gewillt ist, zu erfüllen...

Unter diesen Umständen befürworte ich dringend, keinen Pfennig deutschen Geldes für Kriegsmaterial in Rußland zu verausgaben, alle Bestellungen auf das Mindestmaß zurückzuführen und den vom Reich gewährten Kredit zur Unterstützung der deutschen Industrie in Rußland zu verwenden, und zwar nicht nur für militärische Zwecke, sondern für Industrien, die mittelbar Rüstungszwecken dienen und im Notfalle auf Kriegsindustrie umgestellt werden können...

Deutschland und Rußland sind durch vitale Interessengemeinschaft verbunden; sie heischt sorgliche Pflege und darf, wenn die Welt gesunden soll, durch zwecklose Experimente nicht leichtfertig aufs Spiel gesetzt werden."

Martin Walsdorff, Westorientierung und Ostpolitik, Bremen 1971, S. 205 ff.

Meinungsverschiedenheiten mit Großbritannien

„Jetzt ist die Situation Rußlands gegenüber den Versailles-Mächten verändert. Sie ist für Rußland weniger beneidenswert geworden, und in der Art nicht unähnlich der Deutschlands geworden... Über der ganzen europäischen Politik steht heute das Erholungsverbot für die Unterlegenen als Kampfmittel der Sieger. England braucht für die ‚Wiedereroberung Asiens' ein stilles Rußland, ebenso wie Frankreich ein kraftloses Deutschland braucht." (Paul Scheffer, Augenzeuge im Staate Lenins, 1972, S. 136 f.)

Erklärung des sowjetrussischen Diplomaten Ch. G. Rakovskij bei Eröffnung der englisch-russischen Verhandlungen in London am 14. April 1924:

41 „Die Regierung der Union beobachtet mit großem Bedauern, daß trotz der zahlreichen Friedensverträge, die nach dem Weltkrieg unterzeichnet wurden, soziale und nationale Konflikte von Bedeutung niemals zuvor in so akuter Form aufgetreten sind wie jetzt... Die Zusicherungen, die man sich großzügig während des Weltkrieges und danach gab, daß er der letzte Krieg gewesen sei und daß der Fortentwicklung des Militarismus Einhalt geboten werde, haben sich als Illusion erwiesen... Wir sind deshalb der Meinung, daß sich die Abrüstungsfrage den Regierungen in aller Deutlichkeit und mit zwingender Konsequenz stellen sollte. Die Abrüstung muß in größtmöglicher Weise erfolgen... Wir kennen das große Interesse der britischen Regierung für den Völkerbund. Die Sowjetregierung teilt nicht diese Haltung zum Völkerbund in seiner jetzigen Gestalt, aber sie wäre bereit, dem Programm einer internationalen Organisation zuzustimmen, die Gewalt und jede Art von Revanchismus ausschließt, welche nur den Interessen gewisser größerer Staaten dienen. Die unseres Erachtens augenblicklich einzig mögliche

internationale Organisation müßte auf der völligen Gleichberechtigung aller beteiligten Regierungen beruhen...
Die Sowjetregierung hat wiederholt ihre grundsätzliche Überzeugung ausgedrückt, daß die beste Voraussetzung für einen stabilen Frieden die Revision des Versailler Vertrages und der übrigen mit ihm verbundenen Verträge darstellen würde... Eine Neuordnung Europas kann nur dauerhaft sein, wenn sie auf dem Willen der Völker beruht und wenn sie deren Verlangen nach nationaler Unabhängigkeit respektiert. Die Sowjetregierung ist deshalb bereit, durch gemeinsame Bemühungen eine Politik zu unterstützen..., die die Revision der Grenzen nach ethnographischen Gesichtspunkten vorsieht, die Plebiszite anwendet, wo immer sie erforderlich sind, wie wir z. B. im Falle Bessarabiens auf der Wiener Konferenz vorgeschlagen hatten."

Martin Walsdorff, Westorientierung und Ostpolitik, Bremen 1971, S. 212

Diplomatisches Engagement im Fernen Osten

„Ganz auf der traditionellen Ebene staatlicher Außenpolitik lagen die gleichfalls seit 1921 eingeleiteten bzw. verstärkten Bemühungen Sowjetrußlands, unter dem Motto der gemeinsamen Gegnerschaft gegen den imperialistisch-kolonialistischen Kapitalismus engere Beziehungen zu den näher und weiter entfernten Nachbarn im Osten herzustellen." (Karl-Heinz Ruffmann, Sowjetunion, 1972, S. 167 ff.)

Aus dem Abkommen über die allgemeinen Grundsätze für die Regelung der zwischen der Chinesischen Republik und der Union der Sozialistischen Sowjetrepubliken schwebenden Fragen vom 31. Mai 1924:

42 „Die Chinesische Republik und die Union der S.S.R. sind in dem Wunsche, miteinander wieder normale Beziehungen herzustellen, übereingekommen, ein Abkommen über die allgemeinen Grundsätze für die Regelung der zwischen beiden Ländern schwebenden Fragen zu schließen...
Art. 1 Unmittelbar nach der Unterzeichnung des gegenwärtigen Abkommens sollen die normalen diplomatischen und konsularischen Beziehungen zwischen den Vertragschließenden Teilen wieder hergestellt werden.
Die Regierung der Chinesischen Republik ist damit einverstanden, die notwendigen Schritte zu tun, um die früher der Zaristischen Regierung gehörigen Gesandtschafts- und Konsulats-Gebäude an die Regierung der Union der S.S.R. zu übergeben...

Art. 3 Die Regierungen der beiden Vertragschließenden Teile kommen überein, auf der in dem vorhergehenden Artikel vorgesehenen Konferenz alle Konventionen, Verträge, Abkommen, Protokolle, Kontrakte usw., die zwischen der Chinesischen Regierung und der Zaristischen Regierung abgeschlossen sind, zu annullieren und sie durch neue Verträge, Abkommen usw. zu ersetzen, die sowohl auf Gleichheit, Gegenseitigkeit und Gerechtigkeit, wie auf dem Geiste der Erklärungen beruhen, die die Sowjetregierung in den Jahren 1919 und 1920 abgegeben hat.

Art. 4 Die Regierung der Union der S.S.R. erklärt in Übereinstimmung mit ihrer Politik und ihren Erklärungen vom Jahre 1919 und 1920, daß alle Verträge, Abkommen usw., die zwischen der früheren Zaristischen Regierung und irgendeiner dritten Partei oder Parteien geschlossen sind und die die souveränen Rechte oder Interessen Chinas berühren, null und nichtig sind.

Die Regierungen der beiden Vertragschließenden Teile erklären, daß in Zukunft keine der beiden Regierungen irgendwelche Verträge oder Abkommen schließen wird, die die souveränen Rechte oder Interessen einer der Vertragschließenden Parteien beeinträchtigen.

Art. 5 Die Regierung der Union der S.S.R. anerkennt die Äußere Mongolei als einen integrierenden Bestandteil der Chinesischen Republik und respektiert Chinas Souveränität dort...

Art. 6 Die Regierungen der beiden Vertragschließenden Parteien verpflichten sich gegenseitig, auf ihren respektiven Gebieten das Vorhandensein und (oder) die Tätigkeit von irgendwelchen Organisationen oder Gruppen, deren Ziel die gewaltsame Bekämpfung der Regierung eines der Vertragschließenden Teile ist, nicht zu dulden.

Die Regierungen der beiden Vertragschließenden Parteien verpflichten sich ferner, sich in keine gegen das politische und soziale System eines der Vertragschließenden Teile gerichtete Propaganda einzulassen.

Art. 7 Die Regierungen der beiden Vertragschließenden Teile kommen überein, auf der in Artikel 2 des gegenwärtigen Abkommens vorgesehenen Konferenz ihre nationalen Grenzen neu festzusetzen und bis zu dieser Festsetzung die gegenwärtigen Grenzen aufrechtzuerhalten...

Art. 10 Die Regierung der Union der S.S.R. ist bereit, auf die besonderen Rechte und Vorrechte in Ansehung aller Konzessionen in irgend einem Teile von China, die nach den verschiedenen Konventionen, Verträgen, Abkommen usw. von der Zaristischen Regierung erworben sind, zu verzichten..."

Wilhelm Grotius (Hrsg.), Die Wirtschaftsverträge der Sowjet-Union seit Rapallo, Berlin 1924, S. 121 ff.

Ausbau der deutsch-sowjetischen Zusammenarbeit

„Für sie [i. e. die Sowjetunion] war der Berliner Vertrag nur ein Abkommen unter anderen in ihrem System bilateraler Verträge, mit dem sie sich ein eigenes kollektives Sicherheitssystem schuf. Sie war entschlossen, in dieses Vertragssystem auch Deutschlands östliche Nachbarn einzubeziehen und damit den Status quo an Deutschlands Ostgrenze zu stabilisieren. Der Berliner Vertrag konnte bei diesem Vorhaben noch den zusätzlichen Nutzen haben, das sich sperrende Polen den russischen Wünschen zugänglicher zu machen.“ (Martin Walsdorff, Westorientierung und Ostpolitik, 1971, S. 189)

Aufzeichnung des deutschen Botschafters in Moskau, des Grafen Brockdorff-Rantzau, über eine Unterredung mit dem sowjetrussischen Diplomaten V. L. Kopp am 4. Dezember 1924:

43 „Gestern hatte ich eine eingehende Unterredung mit Herrn Kopp; er erklärte, er lege den größten Wert darauf, einen vertrauensvollen Gedankenaustausch mit uns herbeizuführen; leider sei es bisher mit geringen Ausnahmen ja nur zu der gegenseitigen Versicherung gekommen, daß wir uns in Freundschaft den Weg nach Osten freihalten wollten und daß Rußland bestrebt sei, vertrauensvolle Beziehungen mit uns zu pflegen.
Herr Kopp betonte, er hoffe, daß eine konkrete praktische Betätigung sich erzielen lasse. Eine der wichtigsten Fragen scheine ihm die polnische und hier eine Verständigung mit uns dringend erwünscht. Dafür sei es erforderlich zu wissen, ob Deutschland entschlossen sei, seine Ansprüche gegen Polen nicht aufzugeben. Die Polen hätten in Moskau bestimmte Wünsche bezüglich Galiziens und der an Rußland grenzenden Randbezirke gerichtet; er beabsichtige nicht, diesen Wünschen stattzugeben und sei überzeugt, der Zustimmung seines Chefs [Tschitscherin] sicher zu sein. Wenn Deutschland weder auf seine Ansprüche in Oberschlesien noch auf den Korridor verzichte, könnte ein gemeinsamer deutsch-russischer Druck auf Polen ausgeübt werden; er würde daher, sofern Deutschland gewillt sei (natürlich unter Berücksichtigung des Standpunktes der Alliierten), selbständig vorzugehen, einen wechselseitigen Gedankenaustausch aufrichtig begrüßen.“

Martin Walsdorff, Westorientierung und Ostpolitik, Bremen 1971, S. 214

Aus dem Wortlaut des Berliner Vertrages vom 24. April 1926:

44 „Die Deutsche Regierung und die Regierung der Union der Sozialistischen Sowjet-Republiken, von dem Wunsche geleitet, alles zu tun, was zur Aufrechterhaltung des allgemeinen Friedens beitragen kann, und in der Überzeugung, daß das Interesse des deutschen Volkes und der Völker der Union der Sozialistischen Sowjet-Republiken eine stetige vertrauensvolle Zusammenarbeit erfordert, sind übereingekommen, die zwischen ihnen bestehenden freundschaftlichen Beziehungen durch einen besonderen Vertrag zu bekräftigen...

Artikel 1

Die Grundlage der Beziehungen zwischen Deutschland und der Union der Sozialistischen Sowjet-Republiken bleibt der Vertrag von Rapallo. Die Deutsche Regierung und die Regierung der Union der Sozialistischen Sowjet-Republiken werden in freundschaftlicher Fühlung miteinander bleiben, um über alle ihre beiden Länder gemeinsam berührenden Fragen politischer und wirtschaftlicher Art eine Verständigung herbeizuführen.

Artikel 2

Sollte einer der vertragschließenden Teile trotz friedlichen Verhaltens von einer dritten Macht oder von mehreren dritten Mächten angegriffen werden, so wird der andere vertragschließende Teil während der ganzen Dauer des Konflikts Neutralität beobachten.

Artikel 3

Sollte aus Anlaß eines Konflikts der in Artikel 2 erwähnten Art oder auch zu einer Zeit, in der sich keiner der vertragschließenden Teile in kriegerischen Verwicklungen befindet, zwischen dritten Mächten eine Koalition zu dem Zwecke geschlossen werden, gegen einen der vertragschließenden Teile einen wirtschaftlichen oder finanziellen Boykott zu verhängen, so wird sich der andere vertragschließende Teil einer solchen Koalition nicht anschließen.

Artikel 4

Dieser Vertrag soll ratifiziert und die Ratifikationsurkunden sollen in Berlin ausgetauscht werden.
Der Vertrag tritt mit dem Austausch der Ratifikationsurkunden in Kraft und gilt für die Dauer von fünf Jahren. Die beiden vertragschließenden Teile werden sich rechtzeitig vor Ablauf dieser Frist über die weitere Gestaltung ihrer politischen Beziehungen verständigen..."

„Osteuropa", 1. Jg. (1925/26), S. 339 f.

Note des deutschen Außenministers Gustav Stresemann anläßlich der Unterzeichnung des Berliner Vertrages vom 24. April 1926:

45 „Herr Botschafter!

Mit Beziehung auf die Verhandlungen über den heute unterzeichneten Vertrag zwischen der deutschen Regierung und der Regierung der Union der Sozialistischen Sowjetrepubliken beehre ich mich namens der deutschen Regierung folgendes festzustellen:

1. Beide Regierungen sind bei den Verhandlungen über den Vertrag und bei dessen Unterzeichnung übereinstimmend von der Auffassung ausgegangen, daß der von ihnen in Artikel 1 Absatz 2 des Vertrages festgelegte Grundsatz der Verständigung über alle die beiden Länder gemeinsam berührenden Fragen politischer und wirtschaftlicher Art wesentlich zur Erhaltung des allgemeinen Friedens beitragen wird. Jedenfalls werden sich die beiden Regierungen bei ihren Auseinandersetzungen von dem Gesichtspunkt der Notwendigkeit der Erhaltung des allgemeinen Friedens leiten lassen.

2. In diesem Sinne haben die beiden Regierungen auch die grundsätzlichen Fragen erörtert, die mit dem Eintritt Deutschlands in den Völkerbund zusammenhängen. Die deutsche Regierung ist überzeugt, daß die Zugehörigkeit Deutschlands zum Völkerbund kein Hindernis für die freundschaftliche Entwicklung der Beziehungen zwischen Deutschland und der Union der Sozialistischen Sowjetrepubliken bilden kann. Der Völkerbund ist seiner grundlegenden Idee nach zur friedlichen und gerechten Ausgleichung internationaler Gegensätze bestimmt. Die deutsche Regierung ist entschlossen, an der Verwirklichung dieser Idee nach Kräften mitzuarbeiten. Sollten dagegen, was die deutsche Regierung nicht annimmt, im Rahmen des Völkerbundes irgendwann etwa Bestrebungen hervortreten, die im Widerspruch mit jener grundlegenden Friedensidee einseitig gegen die Union der Sozialistischen Sowjetrepubliken gerichtet wären, so würde Deutschland derartigen Bestrebungen mit allem Nachdruck entgegenwirken.

3. Die deutsche Regierung geht davon aus, daß diese grundsätzliche Einstellung der deutschen Politik gegenüber der Union der Sozialistischen Sowjetrepubliken auch nicht durch die loyale Beobachtung der Verpflichtungen beeinträchtigt werden kann, die sich für Deutschland nach seinem Eintritt in den Völkerbund aus den Artikeln 16 und 17 der Völkerbundsatzung über das Sanktionsverfahren ergeben würden. Nach diesen Artikeln käme ein Sanktionsverfahren gegen die Union der Sozialistischen Sowjetrepubliken ... nur dann in Betracht, wenn die Union der Sozialistischen Sowjetrepubliken einen Angriffskrieg gegen einen dritten Staat eröffnete ...

Um für die reibungslose Erledigung aller zwischen ihnen auftau-

chenden Fragen eine sichere Grundlage zu schaffen, halten die beiden Regierungen es für zweckmäßig, alsbald in Erörterungen über den Abschluß eines allgemeinen Vertrags zur friedlichen Lösung der zwischen den beiden Teilen etwa entstehenden Konflikte einzutreten, wobei insbesondere die Möglichkeiten des schiedsgerichtlichen Verfahrens und des Vergleichsverfahrens berücksichtigt werden sollen.
Genehmigen Sie, Herr Botschafter, die erneute Versicherung meiner ausgezeichnetsten Hochachtung

gez. Stresemann"

„Osteuropa", 1. Jg. (1925/26), S. 340 f.

Zielsetzungen im Randstaatengürtel

„Die Beziehungen zwischen Sowjetrußland und den Randstaaten blieben zwar korrekt, aber äußerst formell; auch der Wirtschaftsverkehr erfuhr nur eine schwache Belebung... Man suchte hier [i. e. in Moskau] schon lange nach einer Einbruchstelle in der Front der baltischen Solidarität und fand sie in Litauen... Anfang 1926 schlug die Sowjetunion den Randstaaten einschließlich Polen und Finnland Nichtangriffspakte vor." (Georg v. Rauch, Geschichte der Sowjetunion, 1969, S. 237 f.)

Der deutsche Osteuropahistoriker Otto Hoetzsch über die Randstaatenpolitik der UdSSR im Jahre 1926:

46 „Die Verhandlungen mit Lettland, Estland und Finnland gehen weiter, haben aber noch zu keinem Ergebnis geführt. Dazu muß wieder eine bemerkenswerte Stimme aus den ‚Iswestija' (16. Oktober) wörtlich angeführt werden: ‚Vollständig analog (nämlich den russisch-litauischen Wirtschaftsverhandlungen) erscheint das Problem der ökonomischen Zusammenarbeit zwischen der Sowjetunion und den anderen Randstaaten, die zu dem Bestand des vorrevolutionären Rußlands gehörten. Alle gehörten sie zu einem staatswirtschaftlichen Organismus. Ihre Industrie beruhte auf Austausch mit dem russischen Markt, und alle versorgten sie sich mit den bei ihnen nicht vorhandenen Industrie- und landwirtschaftlichen Waren an erster Stelle aus den anderen Teilen des früheren russischen Staates. Vollständig begreiflich ist es, daß nach ihrem Ausscheiden aus dem letzteren sie immer danach strebten und streben, die Bande mit den Märkten der Sowjetunion wieder herzustellen. Unter diesem Aspekt muß man die kürzliche Pressemitteilung über den Entschluß der lettischen Regierung betrachten, den Abschluß eines Handelsvertrages mit der Sowjetunion zu beschleunigen.' Im Zusammenhang mit dem oben Gesagten, daß die Garantieverträge, die Rußland anstrebt, die

4—42621/1

Grenzen der neuen Oststaaten von ihm aus garantieren, ist damit ein vollständiger Einblick in die augenblickliche Tendenz der russischen Randstaatenpolitik höchst interessant gegeben: Respekt vor der politischen Selbständigkeit und innerpolitischen Struktur der Randstaaten, aber enger wirtschaftlicher An- und Zusammenschluß mit ihnen. Das entspricht genau dem zwingenden Gegenwartsinteresse Rußlands."

„Osteuropa", 2. Jg. (1926/27), S. 127

Belastungen im Verhältnis zu Großbritannien

„Eine Verschärfung [in den britisch-sowjetischen Beziehungen] trat ein, als die englische Polizei am 12. Mai 1927 auf Anweisung des Innenministers in die Räume der englisch-sowjetischen Aktiengesellschaft ‚Arcos' in London eindrang, dabei die diplomatische Post der Handelsvertretung beschlagnahmte und sogar eine Leibesvisitation der russischen Angestellten vornahm. Diese überraschende Razzia brachte ein reichhaltiges Material zutage. Es erwies sich, daß die ‚Arcos' mit ihren fast 1000 Angestellten zu einer regelrechten Zentrale der bolschewistischen Spionage und Umsturzpropaganda in England geworden war. Unter den beschlagnahmten Dokumenten, die in drei Lastautos zum Scotland Yard gebracht wurden, befanden sich unter anderem Fotokopien von Geheimdokumenten über die neuesten englisch-französischen Generalstabsbesprechungen." (Georg v. Rauch, Geschichte der Sowjetunion, 1969, S. 233)

Aus einer Note Großbritanniens an Moskau zum Stand der britisch-sowjetischen Beziehungen vom 23. Januar 1927:

47 „Die zwischen der Regierung S.M. und der USSR. bestehenden Beziehungen sind nach wie vor notorischerweise nicht normal. Am 4. Juni 1923 hat die Sowjetregierung feierlich folgende Verpflichtung unterzeichnet:
‚Die Sowjetregierung verpflichtet sich, weder mit Geld noch in irgend einer andern Weise Personen, Körperschaften, Agenturen oder Institutionen zu unterstützen, die den Zweck haben, Unzufriedenheit zu verbreiten oder Aufstände zu schüren in irgend einem Teil des britischen Reiches, und ihre Beamten zur vollen und fortdauernden Beobachtung dieser Bedingungen anzuhalten.'
In einer Note vom 23. Oktober 1924 erklärte Ramsay Mac Donald unter Berufung auf den Wortlaut dieser Abmachungen folgendes:
‚Keine Regierung wird jemals einen Vertrag mit einer auswärtigen Regierung dulden, der korrekte diplomatische Beziehungen mit ihr herstellt, während gleichzeitig eine propagandistische Körperschaft, die mit jener auswärtigen Regierung organisch verbunden ist, die

Staatsangehörigen der anderen Regierung dazu ermutigt oder ihnen sogar den Befehl erteilt, Revolutionen anzuzetteln und zu planen, um sie zu stürzen.'

Trotz dieser Ermahnung ist es mehr als einmal notwendig gewesen, die Aufmerksamkeit des Sowjetvertreters in London auf die fortdauernde Verletzung dieser feierlichen Verpflichtungen zu lenken. Solange die tatsächlichen Herrscher der USSR., ob sie technisch der Regierung angehören oder dem Polit-Bureau, das die wahre herrschende Autorität in der Sowjetunion darstellt, oder ob sie deren Botschafter seien, fortfahren, Großbritannien öffentlich zu verleumden oder die Weltrevolution herbeizuwünschen, ist keine Besserung möglich. Die Regierung S.M. muß wiederum Ihre Aufmerksamkeit auf die Ermahnung lenken, die schon mein Vorgänger erteilt hat. Die öffentliche Haltung von Männern, die in Rußland hohe Stellungen einnehmen, ist überdies völlig unvereinbar mit den Erklärungen guten Willens, welche die Vertreter der Sowjetregierung in Großbritannien abgeben...

Die Regierung S.M. kennt wohl die Halluzinationen, an denen Tschitscherin und viele seiner Kollegen leiden, wonach Großbritannien ununterbrochen gegen die Union der Sowjetrepubliken komplottieren soll, wonach es zu diesem Zweck von jeher die Politik Polens und der baltischen Staaten und auch die Persiens auf eine gegen die USSR. gerichtete Linie geleitet habe. Kein unparteiisches Studium der Politik dieser Länder, keine leidenschaftslose Prüfung der Tatsachen, keine Zusicherung von seiten der Regierung S.M. haben eine fixe Idee zerstreuen können, die ebenso unlogisch wie unbegründet ist. Ihre Fortdauer kann nur auf einer im Geist der Sowjetbehörden tief eingewurzelten Feindseligkeit beruhen, die möglicherweise eine Wirkung des Temperaments ist, und entspringt einer Bereitwilligkeit, alle falschen Nachrichten, die von interessierter Seite stammen, blindlings zu glauben...

Der aggressive Geist ist so stark, daß alle anderen Erwägungen der Sache der Revolution untergeordnet werden...

Wenn die Regierung S.M. diese beklagenswerte Haltung der Sowjetführer darlegt, so hat sie keineswegs die Absicht, sich mit ihnen in eine Polemik einzulassen. Öffentliche Reden und Artikel, die von offiziellen Blättern gedruckt werden, sind unwiderlegliche Tatsachen, über die keinerlei Diskussion möglich ist...

Die Regierung S.M. kümmert sich durchaus nicht um die inneren Angelegenheiten Rußlands oder um seine Regierungsform. Was sie verlangt, ist nur das, daß die russische Regierung sich der Einmischung in rein britische Interessen enthalte, ebenso auch jeder gegen britische Untertanen gerichteten Aktion oder feindseligen Propa-

ganda; aber die Regierung S.M. hält es für erforderlich, die Behörden der Sowjetrepublik in der feierlichsten Form darauf aufmerksam zu machen, daß es Grenzen gibt, über die hinaus die öffentliche Meinung des Landes nicht ohne Gefahr getrieben werden kann, und daß eine Fortsetzung der Handlungen... früher oder später die Aufhebung des Handelsabkommens unvermeidlich macht, dessen Bestimmungen in so flagranter Weise verletzt worden sind, ebenso unvermeidlich aber auch den Abbruch der regelrechten diplomatischen Beziehungen.
Die Regierung S.M. vertraut darauf, daß dieser Protest und diese Warnung von der Union Sozialistischer Sowjetrepubliken mit der gebührenden Aufmerksamkeit aufgenommen werden und daß in Zukunft keinerlei Klagegrund mehr bestehen werde."

„Osteuropa", 2. Jg. (1926/27), S. 403 ff.

Kommentar des deutschen Rußlandkorrespondenten Paul Scheffer im „Berliner Tageblatt" zum Abbruch der Beziehungen zwischen Großbritannien und der Sowjetunion vom 28. Mai 1927:

48 „Also bedeutet der Ausfall, den die Sowjetwirtschaft durch den Abbruch erleidet, eine enorme Stockung und einen Verlust, der noch gar nicht zu übersehen ist. Das dringende und drängende Bedürfnis der Sowjetwirtschaft nach Krediten ist allerseits bekannt, und ebenso, wie sie die Konkurrenz innerhalb der bürgerlichen Welt angestachelt und ausgenutzt hat, wozu sie natürlich Recht hat. Der Kreis verkleinert sich nun, organisatorisch und materiell, gerade um das wichtigste Gebiet für die Außenhandelsbilanz der Russen... Für Englands Wirtschaft hackt der Abbruch einen Zweig ab, für Sowjetrußland ist er ein Hieb in den Stamm...
Die Sowjetleute haben sehr wohl gewußt, wie hoch sie spielen. Mit der Möglichkeit des Abbruches der Beziehungen haben sie immer gerechnet, in dem Sinne, daß es der Einsatz war, den sie machten. Sie sagten sich, daß gut zugesehen werden müsse, damit sie ihn nicht verlören. Sie haben es England offenbar nicht zugetraut, daß es einen so radikalen Schritt tun werde. Sie sahen, daß sich mit diesem Feind ganz wohl Handel treiben ließe... Gestützt auf Zahlen, vertraute Moskau auf die ‚ökonomischen Bedürfnisse' der englischen ‚Kapitalisten', die gewiß daran denken würden, was sie eine ernsthafte Konfliktspolitik mit der Sowjetunion kosten müsse. Marx-Schule! Aber auch ein psychologischer Fehler, der den Machtwillen und die Machtinstinkte Englands unterschätzte und vor allem den engen Zusammenhang zwischen Geschäft und der Erhaltung des britischen Weltreiches in seiner heutigen Form. Diejenigen im Sowjetapparat, die pflichtmäßig mit der bürgerlichen Welt in unmittelbarer

Fühlung stehen, haben vielleicht eine stärkere Empfindung für die Dringlichkeit der Gefahr gehabt. Jedoch hinter ihnen, mächtig, stehen die eigentlich Leitenden. Sie schließen sich seit Jahren von der Welt vollkommen ab, die sie bekämpfen. Sie sehen niemanden, der sie repräsentiert oder auch nur veranschaulicht. Sie gehen mit enormer Tatkraft, Findigkeit, politischer Befähigung ihren Plänen nach. Da gibt es keinen ‚Durchschnitt'. Ihre Gedanken beziehen sich tagaus, tagein auf einen Ausschnitt des Weltbildes, der uns undeutlich und fast verschlossen ist... Sie haben nicht nur einen anderen Stern. Sie leben auch auf einem anderen."

Paul Scheffer, Augenzeuge im Staate Lenins, München 1972, S. 265 ff.

Mitarbeit im Völkerbund als Nichtmitglied

„Als die Vorbereitende Kommission ihre Arbeiten am 30. November 1927 wieder aufgenommen hatte, wurde sie durch zwei Resolutionen der Völkerbundsversammlung arbeitsfähiger gemacht. Die erste von diesen war der... polnische Vorschlag, Angriffskriege zu verurteilen; die zweite (26. September) unterstrich noch einmal die hohe Bedeutung des Völkerbundes für angemessene Garantien der Sicherheit und für ein kollektives Vorgehen bei der Aufrechterhaltung des Friedens... Bei dieser Gelegenheit trat auch dadurch eine Veränderung ein, daß eine sowjetrussische Delegation anwesend war... Der russische Vertreter Litwinow gab sein Debut mit dem radikalen Vorschlag einer vollständigen Abrüstung... Diese drastische Anregung wurde nicht ernsthaft behandelt und erhob wahrscheinlich in Wirklichkeit auch keinen Anspruch darauf. Man kann vielmehr ihr eigentliches Ziel wohl darin erblicken, den Völkerbund und die kapitalistischen Mächte zu diskreditieren, indem sie die Aufmerksamkeit darauf lenkte, daß auf dem Felde der Abrüstung solche langsame und zögernde Fortschritte gemacht worden waren." (G. M. Gathorne-Hardy, Kurze Geschichte der internationalen Politik 1920–1939, 1948, S. 211 f.)

Aus den Vorschlägen der UdSSR für allgemeine und vollständige Abrüstung vom 22. November 1927:

49 „2. Die Delegation der UdSSR ist von ihrer Regierung ermächtigt, die vollkommene Abschaffung aller Land-, See- und Luftstreitkräfte vorzuschlagen.

Zur Verwirklichung dieses Vorschlages empfiehlt die Regierung der UdSSR folgende Maßnahmen:

a) Die Entlassung des gesamten Personalbestandes der bewaffneten Land-, See- und Luftstreitkräfte und die Verhinderung ihres Fortbestehens in irgendeiner verborgenen Form;

b) Die Vernichtung aller Waffen, die sich bei den Truppen oder in Waffen- oder anderen Lagern befinden, der Kriegsvorräte, Kriegs-

mittel für den chemischen Krieg und anderer Rüstungsmittel und Zerstörungsmittel;
c) Die Liquidierung aller See- und Luft-Kriegsfahrzeuge;
d) Die Einstellung der Übungen für militärische Ausbildung, sowohl in der Armee als auch in gesellschaftlichen Organisationen;
e) Die Erlassung von Gesetzen zur Abschaffung des Militärdienstes, des obligatorischen sowohl als des freiwilligen und des Dienstes durch Anwerbung;
f) Die Erlassung von Gesetzen zwecks Verbots von Reservisten-Waffenübungen;
g) Die Zerstörung der Festungen sowie der Flotten- und Luftflottenbasen;
h) Die Liquidierung der Kriegsindustrie und der Einrichtungen für Kriegsindustrie in allgemein industriellen Werken;
i) Die Einstellung der Bewilligung von Mitteln für Kriegszwecke, sowohl im Staatsbudget wie in den Budgets der verschiedenen gesellschaftlichen Organisationen;
k) Die Auflösung der Kriegs-, Marine- und Luftflotten-Ministerien, die Abschaffung der Generalstäbe und jeder Art militärischer Verwaltung, Behörden und Anstalten;
l) Verbot – im Wege der Gesetzgebung – der Kriegspropaganda und der militärischen Ausbildung der Bevölkerung sowie der militärischen Erziehung der Jugend, sowohl durch den Staat als auch durch gesellschaftliche Organisationen;
m) Gesetzliche Abschaffung des Patentschutzes für die verschiedenen Arten der Rüstungen und Zerstörungsmittel, um den Anreiz zur Ersinnung dieser Mittel zu beseitigen;
n) Die Erlassung von Gesetzen, die eine Verletzung irgendeiner der obenerwähnten Bedingungen als schwerste Verbrechen gegen den Staat behandeln;
o) Die Abschaffung aller gesetzgeberischen Akte, der innerstaatlichen sowohl als auch der von internationaler Geltung, die mit den oben dargelegten Thesen in Widerspruch stehen bzw. Vornahme entsprechender Abänderungen dieser Akte.

3. Die Delegation der UdSSR ist ermächtigt, vorzuschlagen, daß die Verwirklichung des oben dargelegten Programmes der vollständigen Abrüstung unmittelbar nach Inkrafttreten der diesbezüglichen Konvention derart erfolge, daß alle notwendigen Maßnahmen zur Vernichtung der Kriegsmaterialien innerhalb einer einjährigen Frist abgeschlossen sein müssen.

Die Sowjetregierung ist der Ansicht, daß der oben dargelegte Plan der Verwirklichung einer vollkommenen Abrüstung der einfachste und der Sache des Friedens am besten entsprechende ist.

In dem Falle, daß die kapitalistischen Staaten die sofortige faktische Aufhebung der stehenden Armeen ablehnen, ist die Sowjetregierung... bereit, den Vorschlag zu machen, daß die vollkommene Abrüstung von allen Vertragsstaaten gleichzeitig in aufeinanderfolgenden Etappen im Verlaufe von vier Jahren durchzuführen ist, wobei die erste Etappe der Abrüstung im Verlaufe des nächsten Jahres verwirklicht werden muß..."

Die Union der Sozialistischen Sowjet-Republiken und die Genfer Abrüstungskonferenz, Berlin/Königsberg 1928, S. 10 ff.

Problematisches Engagement in China

„Was damals in China geschah, war einfach der schmerzliche Beweis einer dem russischen Kommunismus äußerst unangenehmen Wahrheit..., nämlich, daß die Welt vielschichtig und pluralistisch ist und nicht simpel, daß die Wahrheit nicht einfach, sondern vielseitig ist." (George F. Kennan, Sowjetische Außenpolitik unter Lenin und Stalin, 1961, S. 370 f.)

Der deutsche Osteuropahistoriker Otto Hoetzsch über die sowjetisch-chinesischen Beziehungen im Jahre 1927:

50 „Eine ruhige Betrachtung der russisch-chinesischen Beziehungen ergibt ja, daß zwischen dem jungchinesischen Nationalismus und dem Moskauer Bolschewismus viele hemmende geistige und seelische Unterschiede sind und daß schon die ungeheuren Entfernungen und die ganze materielle Lage Rußlands eine aktive Unterstützung verhindern. Die Auffassung in Moskau geht ja auch dahin, daß hier die militärischen Entscheidungen in kurzer Zeit schwerlich die Revolution zum Siege führen werden, sondern daß die soziale Lage besonders der Bauern (95 % der chinesischen Bevölkerung leben auf eigenem Grundbesitz) erst allmählich der Revolution den Sieg sichere. Es scheint, als denke man in Moskau viel mehr an eine soziale als militärische Entscheidung, und jedenfalls prophezeit man in Moskau eine Dauer des chinesischen Bürgerkrieges auf Jahrzehnte. Abschließend muß hervorgehoben werden, daß die Dinge zwischen Rußland und China ähnlich liegen wie vor fünf Jahren zwischen Türkei und Moskau: Gemeinsame Gegnerschaft gegen den englischen Imperialismus, Sympathie und Interessensolidarität, aber tiefe grundsätzliche Diskrepanz, die dann immer mehr auseinander treibt."

„Osteuropa", 2. Jg. (1926/27), S. 401

„Aufbau des Sozialismus in einem Lande" und Außenpolitik

„Aufbau des Sozialismus in einem Lande als neue innenpolitische Hauptforderung und friedliche Koexistenz als neue außenpolitische Maxime sind... auf das engste miteinander verbunden, bedingen und ergänzen einander... Anders als Lenin es jedenfalls zwischen 1917 und 1921 erwartet und erhofft hatte, hielt... Stalin den Sieg des Kommunismus im Westen und im Weltmaßstab nur in einem recht langwierigen Prozeß für möglich und durchsetzbar, der, in mehreren Phasen ablaufend, den Wechsel von revolutionären Flut- und Ebbezeiten mit sich bringen würde." (Karl-Heinz Ruffmann, Sowjetunion, 1972, S. 106)

Aus einer Erklärung des Moskauer Volkskommissariats für Auswärtige Angelegenheiten zu den Grundsätzen der sowjetischen Außenpolitik:

51 „Wir wollen auf den Trümmern der Vergangenheit eine neue Welt schaffen, die sich auf eine neue Auffassung von den Beziehungen der Menschen untereinander gründet. Wir verlangen, daß man uns in Frieden das große Experiment vollenden lasse, aus dem die ganze Welt Nutzen ziehen wird.

Wir haben den festen Willen, unser Land zu einem leuchtenden Herd zu machen, der durch sein Beispiel den Völkern aller Länder und Erdteile zeigen soll, daß mit der Großen Russischen Revolution eine neue Ära begonnen hat, die die schreienden Ungerechtigkeiten des auf der Ausbeutung des Menschen durch den Menschen und eines Volkes durch das andere begründeten kapitalistischen Systems beseitigen und an seiner Stelle eine Menschheit heraufführen wird, in der es keine soziale Ungleichheit mehr gibt und jedes Wesen, indem es sein Bestes zum kollektiven Wohl beiträgt, unbegrenzte Möglichkeiten zur harmonischen Entfaltung seiner Individualität findet.

Vor noch hundertfünfzig Jahren, gegen Ende des 18. Jahrhunderts, hat die Große Französische Revolution dem wankenden Gebäude des Feudalregimes in der ganzen Welt den entscheidenden Stoß versetzt. Oft hat die Heilige Allianz in der Folgezeit den Schwung der Französischen Revolution in Strömen Bluts zu ertränken vermocht. Aber trotz den gegen sie zusammengeschlossenen Kräften haben die Ideen dieser Revolution schließlich in der Welt triumphiert.

Wir betrachten uns als Testamentsvollstrecker unserer Ahnen aus der Französischen Revolution. Wir haben die Schwierigkeiten erkannt, die das Ausland ihnen bereitet hat, und wollen sie vermeiden. Wir wollen in Frieden arbeiten und werden alles tun, um den Frieden zu erhalten.

Aber wehe denen, die uns den Krieg aufzwingen möchten; denn eine Große Revolution ist unbesiegbar."

„Osteuropa", 2. Jg. (1926/27), S. 395

III. Kollektive Sicherheit und Antifaschismus (1928–1938)

Sicherung des „Aufbaus des Sozialismus in einem Lande“

„Es wirkte vieles zusammen, der sowjetischen Außenpolitik unter Stalin einen im wesentlichen defensiven Charakter zu geben und die weltrevolutionäre Aggressivität dem Selbsterhaltungstrieb der bereits gewonnenen Macht unterzuordnen: Die Erfahrungen der Bürgerkriegsjahre, die lange anhaltende wirtschaftliche und daher auch militärische Schwäche, die Nützlichkeit angeblicher außenpolitischer Bedrängnis als innenpolitisches Druckmittel, die Schwarz-Weiß-Ideologie von einer zweigeteilten Welt und gewiß nicht zuletzt die Persönlichkeit Stalins, dessen Stärke die systematische Akkumulation der Macht und nicht das **revolutionäre Abenteuer war.“**
(Günther Stökl, Russische Geschichte, 1962, S. 736 f.)

Aus der Rede des Generalsekretärs der KPdSU, I. V. Stalin, vor dem Plenum des ZK der KPdSU vom 5. Juli 1928:

52 „Es besteht kein Zweifel, daß der internationale Charakter unserer Revolution der proletarischen Diktatur in der UdSSR bestimmte Verpflichtungen gegenüber den Proletariern und unterdrückten Massen der ganzen Welt auferlegt... Daraus folgt zumindest, daß unsere Revolution ein Teil der Weltrevolution, die Basis und das Werkzeug der revolutionären Bewegung der ganzen Welt ist.
Es besteht ebenfalls kein Zweifel, ...daß auch die Proletarier aller Länder bestimmte, recht ernste Verpflichtungen gegenüber der proletarischen Diktatur in der UdSSR haben. Ihre Pflicht ist es, das Proletariat der UdSSR in seinem Kampf gegen innere und äußere Feinde zu unterstützen, gegen einen auf die Erdrosselung der proletarischen Diktatur in der UdSSR gerichteten Krieg zu kämpfen, den direkten Übergang der Armeen des Imperialismus auf die Seite der proletarischen Diktatur in der UdSSR im Falle eines Überfalls auf die UdSSR zu propagieren...
Was für einen Wert hätte ein Programm der Komintern, das von der proletarischen Weltrevolution handelt, wenn es die Grundfrage, die Frage des Charakters und der Aufgaben der proletarischen Revolution in der UdSSR, die Frage ihrer Pflichten gegenüber den Proletariern aller Länder und der Pflichten der Proletarier aller Länder gegenüber der proletarischen Diktatur in der UdSSR überginge?“

J. W. Stalin, Werke, Bd. 11, Berlin[-Ost] 1954, S. 134 f.

Aus einem Referat des Generalsekretärs der KPdSU, I. V. Stalin, „Über die Ergebnisse des Juliplenums des ZK der KPdSU" in Leningrad am 13. Juli 1928:

53 „Manche Leute sind so naiv, zu glauben, die Tatsache, daß es den imperialistischen Pazifismus gibt, bedeute, daß es keinen Krieg geben werde. Das ist völlig falsch. Im Gegenteil, wem es um die Wahrheit zu tun ist, der muß diesen Satz umkehren und sagen: Da der imperialistische Pazifismus mit seinem Völkerbund floriert, wird es ganz bestimmt neue imperialistische Kriege und Interventionen geben.
Und das Wichtigste bei all dem ist, daß die Sozialdemokratie der Hauptschrittmacher des imperialistischen Pazifismus in der Arbeiterklasse ist – daß sie folglich bei der Vorbereitung neuer Kriege und Interventionen die Hauptstütze des Kapitalismus innerhalb der Arbeiterklasse ist.
Um aber neue Kriege vorzubereiten, genügt der Pazifismus allein noch nicht... Dazu bedarf es noch gewisser Mittel der Unterdrükkung der Massen in den Zentren des Imperialismus... Und gerade dazu ist der Faschismus da...
Daraus ergeben sich für die kommunistischen Parteien folgende Aufgaben:
Erstens, unermüdlicher Kampf gegen den Sozialdemokratismus auf allen Gebieten, sowohl auf wirtschaftlichem Gebiet als auch auf politischem Gebiet, wozu auch die Entlarvung des bürgerlichen Pazifismus gehört, mit dem Ziel, die Mehrheit der Arbeiterklasse für den Kommunismus zu gewinnen.
Zweitens, Herstellung der Einheitsfront der Arbeiter der fortgeschrittenen Länder mit den werktätigen Massen der Kolonien, um die Kriegsgefahr abzuwenden, oder, wenn ein Krieg ausbricht, den imperialistischen Krieg in den Bürgerkrieg umzuwandeln, den Faschismus zu zerschlagen, den Kapitalismus zu stürzen, die Sowjetmacht zu errichten, die Kolonien von der Sklaverei zu befreien, mit allen Mitteln die Verteidigung der ersten Sowjetrepublik der Welt zu organisieren."

J. W. Stalin, Werke, Bd. 11, Berlin[-Ost] 1954, S. 178 f.

Bemühungen um Abrüstung

„Nach den Mißerfolgen in England und China war Stalin, der nunmehr allein das sowjetrussische Machtinteresse nach innen wie nach außen verkörperte, verstärkt um außenpolitische Anpassung an die Umwelt bemüht. Diese Anpassungspolitik beinhaltete eine großangelegte Strategie der Defensive." (Karl-Heinz Ruffmann, Sowjetunion, 1972, S. 172)

Aus einer Rede des stellvertretenden Volkskommissars für Auswärtige Angelegenheiten und Beauftragten für Abrüstungsfragen, M. M. Litvinov, vor dem ZK der KPdSU am 21. April 1928:

54 „Was die Gerüchte über einen angeblich von der Sowjetunion vorbereiteten Angriff gegen Nachbarstaaten betrifft, so kennen wir gewisse Diplomaten und Militärattachés, die diese Gerüchte verbreiten, ohne selbst daran zu glauben. Sind diese Gerüchte nicht eine Rauchwolke, unter deren Schutz Vorbereitungen zu einem direkten oder indirekten Angriff gegen die Sowjetunion getroffen werden? Diese unsinnigen Gerüchte können die Tatsache einer systematischen Friedenspolitik der Sowjetunion nicht auslöschen, die in zahlreichen Abrüstungsvorschlägen der Sowjetunion sowie in dem Vorschlag, mit allen Staaten Nichtangriffs- und Neutralitätspakte abzuschließen, lange vor der Initiative der Vereinigten Staaten zum Ausdruck kam. Dagegen kann man zahlreiche Akte der Außenpolitik anderer Länder nennen, wie die Erklärung Kelloggs über die Sowjetunion, den Angriff der Bank von Frankreich auf das Sowjetgold und weitere Handlungen, die keinesfalls als Äußerungen der Friedensliebe aufgefaßt werden können. Das Außenkommissariat weiß, daß mit der Ausarbeitung scheinbar harmloser Nichtangriffs- und Schiedsverträge oder eher geheimer Zusatzverträge gegenwärtig nicht nur die Büros der Außenministerien, sondern auch diejenigen des Generalstabes und der Admiralität einiger Länder beschäftigt sind. Solange andere Staaten eine unversöhnliche Stellung in der Frage der Abrüstung einnehmen, wird die Sowjetunion ihre Wehrhaftigkeit nicht vermindern und sich zugleich die Sicherung des Friedens als Hauptziel setzen, ohne nationale Interessen anderer Länder angreifen zu wollen."

„Osteuropa", 3. Jg. (1927/28), S. 630 f.

Östliches Gegenstück zum „Briand-Kellogg-Pakt"

„Im Dezember 1928 trat der Kreml zunächst an Polen und Litauen mit dem Vorschlag heran, den Kelloggpakt auch dann gelten zu lassen, wenn andere Staaten ihn nicht ratifizieren sollten. Litauen sagte im Prinzip zu, Polen stimmte nach einigem Zögern ebenfalls unter der Bedingung zu, daß gleichzeitig ähnliche Abmachungen auch mit Estland, Lettland und Rumänien unterzeichnet würden. Litvinov erklärte sich damit einverstanden... Die Sowjetregierung hoffte damit der Möglichkeit, daß der Kelloggpakt zu einer antisowjetischen Frontbildung ausgenutzt würde, entgegentreten zu können." (Georg v. Rauch, Geschichte der Sowjetunion, 1969, S. 239 f.)

Aus dem Moskauer Protokoll, unterzeichnet von den Vertretern der UdSSR, Estlands, Lettlands, Polens und Rumäniens, vom 9. Februar 1929:

55 „Art. 1. Der in Paris am 27. August 1928 unterzeichnete Vertrag über den Verzicht auf den Krieg als Mittel nationaler Politik, dessen Abschrift dem gegenwärtigen Protokoll als untrennbarer Bestandteil beigelegt ist, tritt zwischen den vertragschließenden Teilen nach der Ratifikation des genannten Pariser Vertrages von 1928 durch die zuständigen gesetzgebenden Organe der betreffenden vertragschließenden Staaten in Kraft.

Art. 2. Die Inkraftsetzung des Pariser Vertrages von 1928 für die gegenseitigen Beziehungen zwischen den Parteien des gegenwärtigen Protokolls durch dieses gilt unabhängig von dem Inkrafttreten des Pariser Vertrages von 1928, wie es durch den Art. 3 dieses letzteren bestimmt ist...

Art. 4. Um dem Art. 1 des gegenwärtigen Protokolls Wirkung zu geben, wird jeder vertragschließende Teil nach der Ratifikation des Vertrages von Paris von 1928 durch seine gesetzgebenden Organe der Regierung der UdSSR und allen anderen Teilnehmern an diesem Protokoll unverzüglich auf diplomatischem Wege davon Anzeige machen.

Art. 5. Das gegenwärtige Protokoll steht dem Beitritt der Regierungen aller Länder offen. Die Notifikation des endgültigen Beitritts muß auf den Namen der Regierung der UdSSR geschehen, die davon alle anderen Teilnehmer an dem gegenwärtigen Protokoll benachrichtigen wird. Mit dem Empfang der genannten Anzeige des Beitritts wird das gegenwärtige Protokoll in den gegenseitigen Beziehungen zwischen dem beitretenden Staat und allen anderen Teilnehmern an dem gegenwärtigen Protokoll in Kraft gesetzt."

Handbuch der Verträge 1871–1964, Berlin[-Ost] 1968, S. 254 f.

Krisenstimmung und Systemgegensätze

„Stalin war... so sehr mit... Problemen im Innern beschäftigt und litt noch immer unter den Rückschlägen seiner früheren Außenpolitik, daß seine damalige Haltung zur kapitalistischen Welt eine Mischung von Zynismus, Skepsis und wütender Verachtung gewesen zu sein scheint." (George F. Kennan, Sowjetische Außenpolitik unter Lenin und Stalin, 1961, S. 380)

Der Chefredakteur des sowjetrussischen Regierungsorgans „Izvestija", K. B. Radek, zur außenpolitischen Lage um die Jahreswende 1930/31:

56 „Das neue Jahr beginnt angesichts des Zerfalls und der Krise des gesamten Regierungssystems der bürgerlichen Länder damit, daß die Bourgeoisie nicht mehr imstande ist, in der alten Weise zu

regieren... Der Zerfall der bürgerlichen Parteien, ... der völlige Zusammenbruch des Parlamentarismus und der ‚bürgerlichen Demokratie', der Prozeß der Faschisierung in den europäischen Ländern, – alle diese Tatsachen zeigen, daß man ‚oben' in den heutigen kapitalistischen Ländern nicht mehr in alter Weise weiterkommt, ... denn jetzt marschieren ‚die von unten', marschiert die Arbeiterklasse, die alles auf ihre eigene, auf wirklich neue Art umgestalten wird.
Wenn das Problem der weiteren Existenz mit solcher Schärfe vor der Weltbourgeoisie steht, so sind im anbrechenden neuen Jahr neue verzweifelte Schritte der Imperialisten zu erwarten...
Die Interventionsgefahr bleibt die stärkste Gefahr für das sozialistische Aufbauwerk."

„Izvestija" vom 1. Januar 1931

Aus dem Rechenschaftsbericht des Vorsitzenden des Rates der Volkskommissare, V. M. Molotov, vor dem VI. Sowjetkongreß am 8. März 1931:

57 „Eine hervorragende Rolle bei der Errichtung der Antisowjetfront spielt der sogenannte Europa-Ausschuß, entstanden auf Initiative des französischen Außenministers Briand zur Schaffung eines Blocks der europäischen Staaten gegen die Union. Der heftige Widerstand Briands und der Vertreter der von Frankreich abhängigen Staaten gegen die Einladung der Sowjetunion zur Maikonferenz für das sogenannte ‚Studium der Weltkrise' hat gezeigt, daß die Führer des Europa-Ausschusses das bestimmte Bestreben haben, diese Organisation zu einem Stab für die Vorbereitung des Überfalls auf die Union zu machen. Trotz der zweideutigen Auslegung der Einladung der Union zur Teilnahme an der Konferenz des Europa-Ausschusses hat die Sowjetregierung dennoch ihre Annahme für notwendig erachtet, um an Ort und Stelle die Pläne und Absichten dieser Organisation festzustellen und sich klar zu werden, welche Stellung ihre Vertreter auf der Konferenz einnehmen müssen. Wie sehr die Führer des Europa-Ausschusses mit Briand an der Spitze auch jetzt noch bestrebt sind, ihre Arbeit so zu führen, daß sie jedem ‚fremden' Auge und vor allem der Sowjetunion verschlossen bleibt, ersieht man daraus, daß zu keiner der drei Unterkommissionen, denen die Vorarbeit zur Maikonferenz obliegt, Vertreter der Sowjetunion eingeladen worden sind. Umso größeren bolschewistischen Scharfblick und Disziplin müssen unsere Vertreter auf der Maikonferenz beweisen...
Leider muß man sagen, daß auf dem Gebiet der sowjetisch-französischen Beziehungen eine außerordentlich ernste und schwere Gefahr für den Weltfrieden liegt. Nicht ohne Grund lehnt es die franzö-

sische Regierung stets ab, einen von uns vorgeschlagenen Nichtangriffspakt zu unterzeichnen, als ob die Beseitigung der Kriegsgefahr nicht im Interesse der französischen Regierung wäre. Nichtsdestoweniger sind wir bereit, unsere Anstrengungen zur Festigung unserer gegenseitigen Beziehungen fortzusetzen, wenn wir die aufrichtige Bereitschaft der französischen Regierung zur Festigung der sowjetisch-französischen Beziehungen auch auf seiten Frankreichs bemerken."

„Inprekorr", Nr. 26/31 vom 17. März 1931

Aus einer Rede des Volkskommissars für Auswärtige Angelegenheiten, M. M. Litvinov, vor der Europa-Kommission des Völkerbundes am 18. Mai 1931:

58 „Wenn ich von dem positiven Einfluß des Handelsverkehrs mit der Sowjetunion auf die Wirtschaftskrise spreche, ... so liegt es mir doch fern, den Eindruck einer Interessenharmonie der zwei in Europa existierenden Systeme – des sowjetischen und des kapitalistischen – zu erwecken. Die Gegensätze zwischen diesen beiden Systemen bestehen und sie werden weiterbestehen. Schon allein durch die Tatsache ihrer Existenz und ihrer Entwicklung kämpfen sie jetzt und zukünftig gegeneinander. Die Frage ist dabei die, ob der Kampf und die Entwicklung in der Form eines natürlichen Prozesses vor sich gehen oder ob die beiden Systeme tagtäglich zu feindseligen Maßnahmen gegeneinander greifen werden, die auf den endgültigen Ausgang des Kampfes keinen Einfluß haben können, sondern die beiden Systeme in zwei waffenstarrende Lager verwandeln würden...

Es wäre naiv zu erwarten, daß die kapitalistischen Staaten gewissenhaft und unparteiisch beim Aufbau des Sozialismus in der UdSSR helfen würden, oder daß die UdSSR danach trachtete, das kapitalistische System in den anderen Ländern zu festigen. Es kann nur von wirtschaftlichen Verträgen und Abmachungen zwischen den kapitalistischen Ländern und der UdSSR die Rede sein, die für alle beteiligten Parteien vorteilhaft sind und große Entwicklungsmöglichkeiten vor sich haben. Ich lasse dabei die Möglichkeit eines bewaffneten Überfalls auf die Sowjetunion völlig außer acht und habe nur die friedliche Periode von gewisser Dauer im Auge.

Es ist an der Zeit anzuerkennen, daß die UdSSR ein Faktor ist, mit dem man rechnen muß, der nicht durch Beschwörungen, Verleumdungen und Resolutionen einzelner Gruppen oder Personen... verschwinden wird."

M. M. Litvinov, Vnešnjaja politika SSSR, Moskau 1935, S. 228 ff.

Krieg im Fernen Osten

„Seit 1931 suchte Japan von Jahr zu Jahr akzentuierter seine Position auf dem ostasiatischen Kontinent vorzuschieben mit dem Ziel, durch Zusammenfassung des politischen wie wirtschaftlichen Potentials Mandschukuos, Chinas und des Inselreiches selbst die Kernzelle für die angestrebte Neuordnung des Fernen Ostens im Rahmen einer Großostasiatischen Wohlstandssphäre zu schaffen. Diesem Expansionsstreben stand vor allem der strategische, außenpolitische und ideologische Antagonismus zur Sowjetunion im Wege.“ (Hubertus Lupke, Japans Rußlandpolitik von 1939 bis 1941, 1962, S. 5)

Sowjetische Stellungnahme zur Besetzung der Mandschurei durch die Japaner im September 1931:

59 „Der Völkerbund schützt die Unantastbarkeit des Versailler Raubsystems. Der Völkerbund ist ein Instrument und ein Organisator des Krieges gegen die kolonialen und halbkolonialen Völker. Er organisierte den Block zwischen dem japanischen Imperialismus und einem Teil der europäischen Mächte zur Ausplünderung Chinas. Er segnete und legalisierte den Krieg, den die japanische Bourgeoisie gegen das chinesische Volk führt... Die Vergewaltigung des chinesischen Volkes ist ein Gesetz der kapitalistischen Diplomatie und des Völkerbundes... Der japanische Imperialismus konnte nur dank der Unterstützung des Völkerbundes die am 18. September begonnene Okkupation der Mandschurei fortsetzen und in dieser verhältnismäßig kurzen Frist vollenden.“

„Pravda“ vom 26. September 1931

Aus einer Stellungnahme des Vorsitzenden des Rates der Volkskommissare, V. M. Molotov, zum Mandschurei-Konflikt in seiner Rede zum 14. Jahrestag der Oktoberrevolution am 6. November 1931:

60 „Unsere Politik der Nichteinmischung in diese Angelegenheiten ergibt sich aus der Beachtung der internationalen Verträge, die mit China geschlossen worden sind, aus der Achtung der Souveränitätsrechte und der Unabhängigkeit anderer Staaten und aus der unbedingten Verneinung einer Politik der militärischen Okkupation und Intervention. Mit welchen Worten und diplomatischen Gesten immer die Politik der imperialistischen Interventionen gedeckt werden mag, die Sowjetunion kann gegenüber derartigen Handlungen nur eine konsequente verneinende Stellung einnehmen. Ein anderes

Verhalten ist mit der von der Sowjetunion betriebenen Friedenspolitik und mit der folgerichtigen Verteidigung des allgemeinen Friedens durch die Sowjetunion unvereinbar."

„Inprekorr", Nr. 111/31 vom 24. November 1931

Aus einer Rede des Volkskommissars für Auswärtige Angelegenheiten, M. M. Litvinov, vor dem Plenum der Abrüstungskonferenz des Völkerbundes am 11. Februar 1932:

61 „Inwiefern kann man von der Sowjetunion erwarten, daß sie ihre Sicherheit und einen Teil ihrer Streitkräfte einer internationalen Organisation anvertraut, deren überwältigende Mehrheit von Staaten gestellt wird, die der Sowjetunion gegenüber feindselig eingestellt sind, sogar die Herstellung normaler Beziehungen zu ihr ablehnen? Unter diesen Umständen steht zu erwarten, daß die Arbeiter und Bauern der Sowjetunion die Bildung einer internationalen Armee als Bedrohung ihres Landes betrachten...

Der einzige Weg, der unfehlbar zur Lösung des Problems der Organisierung des Friedens, des Problems der Verhinderung des Krieges, des Problems der Sicherheit für alle Völker führt, ist der Weg, den die sowjetische Delegation vorgeschlagen hat: der Weg der allgemeinen und vollständigen Abrüstung."

M. M. Litvinov, Vnešnjaja politika SSSR, Moskau 1935, S. 201

Arrangement im Westen

„Das mit der Stabilisierung der deutschen Verhältnisse erneut aufsteigende französische Sicherheitsbedürfnis ließ das Verhältnis zur Sowjetunion mit der Zeit in einem anderen Lichte erscheinen. Die Tendenzen eines von Frankreich protegierten antisowjetischen cordon sanitaire aus den zwanziger Jahren wichen, begünstigt durch den harmlosen Anstrich der Litvinovschen Außenpolitik, einer wachsenden Bereitschaft, Verbindungen zu Moskau aufzunehmen. Die 1932 erzielte Verständigung zwischen Polen und der Sowjetunion trug natürlich in hohem Maße dazu bei, diese Wege zu ebnen." (Georg v. Rauch, Geschichte der Sowjetunion, 1969, S. 251)

Aus einem Artikel des sowjetrussischen Diplomaten B. E. Štejn zum Abschluß des polnisch-sowjetischen Nichtangriffspaktes am 25. Juli 1932:

62 „Zum Unterschied von den Verträgen, welche auf dem Völkerbundssystem basieren, bezwecken die Nichtangriffs- und Neutralitätsverträge der Sowjetunion nicht die Bildung von Blocks oder

Gruppierungen von Staaten, welche gegen andere Gruppen oder Blocks gerichtet wären. Die Sowjetpakte über Nichtangriff ... schaffen gemäß ihrer Verbreitung sozusagen ‚Inseln der Pazifizierung', deren Bestimmung es ist, die Ausbreitung eines Kriegskonflikts im Falle seines Entstehens zu lokalisieren.
Als bester Beweis dafür, daß die Nichtangriffs- und Neutralitätsverträge der Sowjetunion nicht den Zweck der Bildung irgendwelcher politischer Gruppierungen oder Blocks verfolgen, kann die Tatsache dienen, daß die Sowjetunion den Abschluß solcher Verträge ausnahmslos allen Staaten, ganz abgesehen von ihrer politischen Gruppierung oder Orientierung, vorschlägt. So widerspricht in der Auffassung der Sowjetunion der Nichtangriffs- und Neutralitätsvertrag zwischen Deutschland und der Sowjetunion durchaus nicht einem gleichen Vertrag zwischen der Sowjetunion und Frankreich oder Polen. Es scheint uns, daß gerade die ungenügende Kenntnis der Natur der Nichtangriffs- und Neutralitätsverträge der Sowjetunion und die falsche Vermutung, diese Verträge könnten auch politische Ziele verfolgen, die in Wirklichkeit ihnen jedoch ganz fremd sind, seinerzeit z. B. in Deutschland dazu geführt haben, daß man die Loyalität der Sowjetunion angesichts ihrer Paktverhandlungen mit Polen anzuzweifeln suchte.
In diesem Zusammenhang wäre es auch nützlich, ein anderes Mißverständnis zu beseitigen, welches sich auf die Sowjetpakte, namentlich auf den Umfang ihrer Verpflichtungen bezieht. Man nennt manchmal die Nichtangriffs- und Neutralitätsverträge Garantiepakte. Worin bestehen aber die Garantien, die durch diese Verträge gegeben werden? Garantieren sie die bestehenden Grenzen beider vertragschließenden Partner? Wenn man unter Garantie Anerkennung verstehen soll, so muß man diese Frage verneinend beantworten. Wenn man aber unter dieser Garantie die Verpflichtung versteht, die bestehenden Grenzen nicht manu militari verletzen zu wollen, so wird die Antwort bejahend ausfallen. Die Verwechslung dieser beiden Aspekte des Garantiebegriffs hat zweifellos insbesondere in Deutschland dazu beigetragen, daß man sich manchmal von den politischen Konsequenzen der Sowjetpakte mit Frankreich und Polen falsche Vorstellungen machte. Es kann kaum einen schlagenderen Beweis für die Unrichtigkeit dieser Mißdeutungen des Begriffs ‚Garantie' geben als den Umstand, daß die Sowjetunion bereit ist, hinsichtlich Bessarabiens die Garantie des Nichtangriffs zu geben, ohne selbstverständlich sich jemals bereiterklären zu wollen, Bessarabien als einen Teil rumänischen Bodens anzuerkennen ..."

„Europäische Gespräche", 10. Jg. (1932), S. 142 f.

5–42621/1

Instruktion des Volkskommissars für Auswärtige Angelegenheiten, M. M. Litvinov, für den Londoner Sowjetbotschafter I. M. Majskij vom Herbst 1932:

63 „Die sowjetische Außenpolitik... ist eine Politik des Friedens. Das entspricht unseren Prinzipien und den Grundlagen des Sowjetstaates. Die Basis unserer Außenpolitik ändert sich niemals, bei ihrer praktischen Verwirklichung müssen wir jedoch die konkrete internationale Lage in Betracht ziehen. Die besten Beziehungen hatten wir bisher zu Deutschland, und bei unserem Vorgehen waren wir stets bestrebt, nach Möglichkeit eine Einheitsfront mit Deutschland aufrechtzuerhalten, zumindest aber auf die Positionen und Interessen dieses Landes Rücksicht zu nehmen. Doch das Deutschland, mit dem wir zu tun hatten, war das Weimarer Deutschland, das gegenwärtig offensichtlich in den letzten Zügen liegt. Darüber darf man sich keine Illusionen machen. Hitler kann von einem Tag auf den anderen zur Macht kommen, und dann wird sich die Situation mit einem Schlage ändern. Deutschland verwandelt sich aus unserem ‚Freund' in unseren Feind. Welche Schlußfolgerungen haben wir angesichts einer solchen Perspektive zu ziehen? Offenkundig die, daß wir im Interesse einer Friedenspolitik jetzt versuchen müssen, unsere Beziehungen zu England und Frankreich zu verbessern, vor allem zu England, dem führenden kapitalistischen Staat Europas. Allerdings haben sich diese beiden Staaten uns gegenüber bisher feindselig verhalten...

Jetzt aber ändert sich die objektive Weltlage: Sobald die Nazis ans Ruder kommen, werden sie natürlich ein furchtbares Revanchegeheul anstimmen, sie werden aufrüsten, die Kolonien zurückverlangen usw. Das muß die regierenden Kreise Englands und Frankreichs wenigstens teilweise zur Vernunft bringen und sie veranlassen, Bundesgenossen gegen Deutschland zu suchen. Da werden sie gezwungen sein, sich der Entente aus der Zeit des Weltkrieges und somit auch unseres Landes zu erinnern. Dadurch wird sich eine günstigere Atmosphäre für Ihre Tätigkeit in London ergeben. Aber man kann kaum damit rechnen, daß sich alles von selbst einrenkt. Ihre Aufgabe ist es, die in England entstehende Lage maximal im Interesse einer englisch-sowjetischen Annäherung auszunutzen...

Was ist hier in erster Linie anzustreben? Ein größtmöglicher Ausbau unserer Verbindungen mit den Konservativen... Wir haben... fast keinen Kontakt mit den Konservativen. Dabei sind diese... die wahren ‚Herren' Englands. Es wird daher Ihre vornehmste und wichtigste Aufgabe sein, jene Mauer aus Eis zu durchbrechen, die unsere Londoner Botschaft von den Konservativen trennt, möglichst weitgehende und feste Kontakte gerade mit den Konservativen aufzunehmen. Wenn das gelingt, ist ein nützlicher Schritt im Kampfe gegen die deutsche Aggression getan."

I. M. Maiski, Wer half Hitler?, Moskau o. J., S. 11 ff.

Aus dem Nichtangriffspakt zwischen der UdSSR und Frankreich vom 29. November 1932:

64 „Art. 1. Jeder der hohen vertragschließenden Teile verpflichtet sich gegenüber dem anderen, in keinem Falle gegen ihn, sei es allein, sei es in Verbindung mit einer oder mehreren dritten Mächten zum Kriege oder zu einem Angriff zu Lande, zu Wasser oder in der Luft überzugehen und die Unverletzlichkeit der Gebiete, die unter seiner Souveränität stehen, oder deren auswärtige Vertretung und Verwaltungskontrolle er ausübt, zu respektieren.

Art. 2. Wenn der eine der hohen vertragschließenden Teile Gegenstand eines Angriffs von seiten einer oder mehrerer dritter Mächte ist, verpflichtet sich der andere hohe vertragschließende Teil, dem Angreifer oder den Angreifern während der Dauer des Konflikts weder direkt noch indirekt Hilfe oder Beistand zu leisten...

Art. 4. Jeder der hohen vertragschließenden Teile verpflichtet sich, für die Dauer des gegenwärtigen Vertrages an keiner internationalen Entente teilzunehmen, die praktisch die Wirkung hat, den Kauf oder Verkauf von Waren oder die Gewährung von Krediten an den anderen Teil zu untersagen, sowie keine Maßnahme zu treffen, die praktisch die Wirkung hat, den anderen Teil von jeder Teilnahme an seinem auswärtigen Handel auszuschließen.

Art. 5. Jeder der hohen vertragschließenden Teile verpflichtet sich, die Souveränität oder Autorität des anderen Teils über die Gesamtheit seiner Gebiete... in jeder Hinsicht zu achten, sich in keiner Weise in seine inneren Angelegenheiten einzumischen, insbesondere sich jeder Handlung zu enthalten, die darauf abzielt, Agitation, Propaganda oder Interventionsversuche anzuregen oder zu begünstigen, welche zum Ziele haben, die territoriale Integrität des anderen zu verletzen oder das politische oder soziale Regime des ganzen oder eines Teils seiner Gebiete mit Gewalt umzugestalten...

Art. 6. Die hohen vertragschließenden Teile, die schon in dem allgemeinen Kriegsverzichtspakt vom 27. August 1928 anerkannt haben, daß die Regelung oder Lösung der Streitfälle oder Konflikte aller Art oder Herkunft, die zwischen ihnen entstehen können, stets nur durch friedliche Mittel erreicht werden muß, bestätigen diese Bestimmung..."

Handbuch der Verträge, Berlin[-Ost] 1968, S. 265 f.

Über die veränderte Haltung der UdSSR zum Versailler Vertrag im Frühjahr 1933:

65 „Die Stellung der Frage nach der Revision des Versailler Vertrages hat in der kapitalistischen Welt den Kampf aller gegen alle und eine außerordentliche Unruhe ausgelöst. Zugleich hat sie hier und da große Hoffnungen erweckt, die Kräfte in Bewegung zu setzen vermögen, die nicht der Kontrolle der Regierungen unterstehen. Es hat in der Geschichte noch keinen Fall gegeben, in dem auf diplomatischem Wege die Veränderungen eingeleitet wurden, die eine besiegte Großmacht wieder aufsteigen und sie ihre Kraft zurückgewinnen ließen. Der Kapitalismus ist auf der Konkurrenz aufgebaut. Der Monopolkapitalismus hat an die Stelle der Konkurrenz einzelner Unternehmen die Konkurrenz ganzer Trusts gesetzt, deren Interessen ihren Ausdruck in der Politik der Regierungen finden. Der Kapitalismus kompliziert jedes Problem der nationalen Minderheiten, weil er es mit der Frage der Ausbeutung verknüpft. Er schafft ein Gewirr von Widersprüchen, das sich bis zum heutigen Tage nur mit dem Schwert auflösen ließ. Daher war es sogar unabhängig vom Willen der Mächte, die für eine Revision der alten imperialistischen Verträge eintreten, wie auch vom Willen derer, die sich aus Verwicklungen herauszuhalten wünschen, daß das Aufwerfen der Revisionsfrage alle wunden Punkte berührt und eine bis zum äußersten gespannte Lage geschaffen hat, die eine Gefahr für den internationalen Frieden darstellt...

Unter diesen Umständen ist es durchaus nicht verwunderlich, daß sich in der kapitalistischen Welt, die vor den Perspektiven neuer Kriege in Europa und im Fernen Osten zittert, Elemente finden, die die Drohung nach einer anderen Seite – und namentlich nach der Seite der UdSSR – abzulenken versuchen...

Die Werktätigen der Sowjetunion müssen die internationalen Ereignisse aufmerksam verfolgen. Sie wissen, daß sich die sowjetische Regierung nicht in den Streit der Imperialisten untereinander einmischt und daß sie jeden Anschlag auf die Einheit, die Unabhängigkeit und die Interessen der Sowjetunion abzuwehren versteht. Sie wissen, daß sich die Sowjetunion nicht nur auf die Hilfe der Werktätigen aller Länder... verlassen kann, sondern auch auf die Unterstützung von Seiten der Kräfte, die die Dummheit und Undurchführbarkeit jener Politik erkannt haben, die den gewaltigen Faktor der UdSSR aus dem Spiel lassen will. Die Sowjetunion selbst ist aber eine solche Weltmacht, daß sie ihrerseits gegenüber den auf der internationalen Arena miteinander ringenden Tendenzen und den Versuchen zur Schaffung des sogenannten Konzerts der vier Mächte, das sich das

Recht anmaßt, über das Schicksal der Völker zu urteilen, gleichgültig bleiben kann."

„Izvestija" vom 21. März 1933

Der Chefredakteur des sowjetrussischen Regierungsorgans „Izvestija", K. B. Radek, über die polnisch-sowjetischen Beziehungen im Sommer 1933:

66 „Die Führer der Oktoberrevolution haben nie einen Hehl daraus gemacht, daß sie einen anderen sozialen Inhalt des unabhängigen Polen vorgezogen hätten. Diese Frage müssen jedoch allein die werktätigen Massen Polens entscheiden. Hingegen ist von sowjetischer Seite niemals die Unabhängigkeit Polens in Zweifel gezogen worden und niemals haben Absichten gegen seine Existenz bestanden. Daher sind die, die mit einer Teilnahme der Sowjetregierung an Unternehmungen in Richtung auf eine neue Teilung Polens rechneten, wie auch die, die das Vorhandensein derartiger Absichten bei der sowjetischen Staatsführung angenommen haben, einem Irrtum erlegen."

„Izvestija" vom 29. August 1933

Vereinbarung mit den Nachbarstaaten

„Aber die praktische Auswirkung einer Politik, wie Stalin sie betrieb, diese Konzentration auf die ungeheure Aufgabe der inneren Entwicklung, war für die Außenwelt in doppelter Hinsicht beruhigend. Erstens verringerte sie die Gefahr der aktiven Einmischung in die inneren Angelegenheiten anderer Länder bis auf unbedeutende Ausmaße; und zweitens rangierte die Sowjetunion... aus Gründen des Selbstinteresses auf der Seite jener Länder, denen daran lag, den Ausbruch eines Krieges in Europa zu verhindern." (G. M. Gathorne-Hardy, Kurze Geschichte der internationalen Politik 1920–1939, 1948, S. 434)

Aus der Konvention über die Definition des Begriffes „Aggressor" zwischen der UdSSR, Afghanistan, Estland, Lettland, Persien, Rumänien, Polen und der Türkei vom 3. Juli 1933:

67 „Art. I. Jede der Hohen Vertragschließenden Parteien verpflichtet sich, in ihren gegenseitigen Beziehungen mit jeder anderen und von dem Tage des Inkrafttretens der gegenwärtigen Konventionen an die Definition der Aggression zu akzeptieren, die in dem Bericht des Komitees für die Fragen der Sicherheit vom 24. Mai 1933... auf der Konferenz für die Reduzierung und Beschränkung der Rüstung dargelegt worden ist, ein Bericht, der dem Vorschlag der sowjetischen Delegation folgte.

Art. II. Folglich wird, unter Vorbehalt der zwischen den streitenden Parteien in Kraft befindlichen Abkommen, der Staat als Aggressor gelten, der als erster bei einem internationalen Streit eine der folgenden Handlungen begeht:
1. Kriegserklärung an einen anderen Staat;
2. Invasion seiner Streitkräfte, auch ohne Kriegserklärung, in das Territorium eines anderen Staates;
3. Angriff seiner Land-, See- und Luftstreitkräfte, auch ohne Kriegserklärung, auf das Territorium, die Schiffe oder Flugzeuge eines anderen Staates;
4. Seeblockade der Küsten oder Häfen eines anderen Staates;
5. Unterstützung der bewaffneten Banden, die, auf seinem Territorium gebildet, in das Territorium eines anderen Staates eingefallen sind, oder Weigerung, trotz der Forderung des überfallenen Staates, auf seinem eigenen Territorium alle in seiner Macht stehenden Maßnahmen zu ergreifen, um den erwähnten Banden jegliche Hilfe und jeglichen Schutz zu entziehen.
Art. III. Keine Erwägung politischer, militärischer, wirtschaftlicher oder anderer Art kann als Entschuldigung oder als Rechtfertigung für die in Art. II in Betracht gezogenen Aggressionen dienen..."

Handbuch der Verträge 1871–1964, Berlin[-Ost] 1968, S. 268

Beziehungen zum Deutschen Reich

„Die Ablösung des deutschen Botschafters in Moskau von Dirksen durch Rudolf Nadolny und die Ernennung von Suric, einem der fähigsten russischen Diplomaten, zum sowjetischen Botschafter in Berlin schien einen normalen Ablauf der weiteren diplomatischen Beziehungen zu gewährleisten." (Georg v. Rauch, Geschichte der Sowjetunion, 1969, S. 300 f.)

Instruktion für den deutschen Botschafter in Moskau, Rudolf Nadolny, vom Herbst 1933:

68 „1. Als allgemeine Grundlage unserer Beziehungen zur Sowjetunion haben die Ausführungen des Herrn Reichskanzlers in seiner Reichstagsrede vom 23. März 1933 zu gelten:
‚Gegenüber der Sowjetunion ist die Reichsregierung gewillt, freundschaftliche, für beide Teile nutzbringende Beziehungen zu pflegen. Gerade die Regierung der nationalen Revolution sieht sich zu einer solchen positiven Politik gegenüber Sowjetrußland in der Lage. Der Kampf gegen den Kommunismus in Deutschland ist unsere innere Angelegenheit, in der wir Einmischungen von außen niemals dulden werden. Die staatspolitischen Beziehungen zu anderen Mächten, mit

denen uns wichtige gemeinsame Interessen verbinden, werden davon nicht berührt.‘

2. Die vertragliche Grundlage bilden nach wie vor die bestehenden Verträge zwischen Deutschland und der Sowjetunion, und zwar insbesondere:

a) der Rapallovertrag,
b) der Berliner Vertrag,
c) das Vertragswerk vom 12. Oktober 1925.

3. Auf dieser Grundlage sind die Beziehungen so zu gestalten, daß Deutschland in der Sowjetunion wieder einen wertvollen Faktor für seine Außenpolitik erhält und daß die Sowjetunion ein lohnendes Feld für deutsche wirtschaftliche Betätigung bleibt.

4. Im Hinblick auf die gegenwärtige Spannung kommt es zunächst darauf an, wieder eine bessere Atmosphäre herzustellen, auf ihrer Basis eine Eliminierung der vorhandenen Streitpunkte herbeizuführen, die zum Teil aus der Verschiedenheit der beiden Staatssysteme erwachsenen Mißhelligkeiten zu beseitigen und ihrer Wiederholung für die Zukunft vorzubeugen. Die Verträge müssen wieder sinngemäß und voll zur Anwendung gebracht werden. Bei alledem ist nach dem Grundsatz der Gegenseitigkeit zu verfahren. Nach Lage der Dinge wird der Prozeß einer freundschaftlichen Gestaltung der Beziehungen eine gewisse Zeit in Anspruch nehmen; es wäre schädlich, das zu schaffende Ergebnis durch allzugroßes Empressement forcieren zu wollen.

5. Insbesondere ist auf folgendes Bedacht zu nehmen:

a) Politisch:

Gute deutsch-sowjetische Beziehungen sind für Deutschland von wesentlicher Bedeutung. Im Verhältnis Deutschlands zu Polen sind sie sogar von außerordentlicher Wichtigkeit. Es wird in vorsichtiger Weise zu klären sein, wohin in dieser Beziehung die wirklichen Ziele der sowjetischen Außenpolitik gehen und ob diese noch, wie früher, gewillt ist, das Versailler System abzulehnen. Nötigenfalls muß versucht werden, die sowjetische Politik wieder in die alten Bahnen zurückzulenken. Wir können und brauchen es nicht zu bekämpfen, daß die Sowjetregierung ihre Beziehungen zu anderen Mächten, wie Polen und Frankreich, normalisiert. Was aber natürlich verhindert werden muß, ist eine Eingliederung der Sowjetunion in irgendeine gegen Deutschland gerichtete politische Front. In bestimmten Einzelfragen wird das Interesse Deutschlands darin liegen, sich in die Auseinandersetzung zwischen der Sowjetunion und ihren Nachbarstaaten in geeigneter Weise einzuschalten.

Das gute Verhältnis zwischen Reichswehr und der Roten Armee ist zu pflegen.

b) Wirtschaftlich:

Für die deutsch-sowjetischen Wirtschaftsbeziehungen gelten die im Artikel 1 des Wirtschaftsabkommens vom 12. Oktober 1925 niedergelegten Richtlinien. Es muß weiterhin unser Bestreben sein, der deutschen Industrie einen möglichst großen Anteil am Rußlandgeschäft zu sichern. Es muß aber darauf Bedacht genommen werden, den russischen Erzeugnissen einen entsprechenden Absatz auf dem deutschen Markt zu sichern, um der Sowjetunion die Abdeckung ihrer Verpflichtungen gegenüber Deutschland zu erleichtern. Diese Interessen müssen miteinander in Einklang gebracht und die notwendige Stabilität des Warenverkehrs muß hergestellt werden.

c) Hinsichtlich der beiden Staatssysteme:

Die grundsätzliche Verschiedenheit der beiden Staatssysteme braucht kein Hindernis für die gedeihliche Weiterentwicklung der deutsch-sowjetischen Beziehungen zu sein. Dabei ist jedoch an dem Grundsatz festzuhalten, daß alle Versuche einer Beeinflussung der inneren Angelegenheiten des anderen Landes zu unterbleiben haben (Rundfunk, Presse)...

Berlin, den 11. November 1933"

Rudolf Nadolny, Mein Beitrag, Wiesbaden 1955, S. 143 ff

Aufnahme in den Völkerbund

„Während der sechs Jahre der Hitlerherrschaft vor dem Krieg, von 1933 bis 1939, nahm sich die Sowjetpolitik vom westlichen Standpunkt aus in mancher Hinsicht merkwürdig und unergründlich aus. Nachdem Stalin zuerst Hitler ignoriert hatte, machte er 1934 kehrt und schwenkte offensichtlich auf eine gegen Hitler gerichtete Bündnispolitik mit dem Westen ein Rußland trat dem Völkerbund bei. Der Volkskommissar des Äußeren, Maxim Litwinow, wurde in Genf innerhalb des Völkerbundes zum stärksten Vorkämpfer einer Politik des kollektiven Widerstandes gegen die aggressiven Tendenzen NS-Deutschlands." (George F. Kennan, Sowjetische Außenpolitik unter Lenin und Stalin, 1961, S. 395)

Auszug aus einem Interview des Generalsekretärs der KPdSU, I. V. Stalin, mit dem Korrespondenten der „New York Times", Walter Duranty, über die veränderte Haltung der UdSSR zum Völkerbund am 25. Dezember 1933:

69 „Duranty: ‚Ist Ihre Stellung gegenüber dem Völkerbund stets ausschließlich ablehnend?'

Stalin: ‚Nein, nicht immer, nicht unter allen Umständen. Sie verstehen vielleicht unseren Standpunkt nicht ganz. Trotz des Austritts Deutschlands und Japans aus dem Völkerbund – oder vielleicht gerade deshalb –, kann der Völkerbund zu einem gewissen Faktor werden, der die Eröffnung von Kriegshandlungen hemmt oder verhindert. Wenn dem so ist, wenn der Völkerbund sich auch nur als gewisses Hindernis erweist, das die Sache des Krieges auch nur ein wenig erschwert und die Sache des Friedens bis zu einem gewissen Grad erleichtert, so sind wir nicht gegen den Völkerbund. Ja, falls die geschichtlichen Ereignisse diesen Lauf nehmen, ist es nicht ausgeschlossen, daß wir den Völkerbund trotz all seiner kolossalen Mängel unterstützen werden.'"

J. W. Stalin, Werke, Bd. 13, Berlin[-Ost] 1955, S. 251 f.

Aus der Rede des Volkskommissars für Auswärtige Angelegenheiten, M. M. Litvinov, in Genf beim Eintritt der UdSSR in den Völkerbund am 18. September 1934:

70 „Wir vertreten hier einen neuen Staat – neu nicht im geographischen Sinne des Wortes, sondern im Sinne seiner äußeren Gestalt, seiner inneren Ideale. Noch immer, wenn eine neue Staatsform auf der geschichtlichen Bühne auftrat, wurde diese von den anderen, alten Staatsformationen feindlich empfangen. Es darf daher nicht wundernehmen, daß das Erscheinen des neuen Sowjetstaates, mit seinem von allem bisher Bekannten radikal abweichenden sozialpolitischen Regime, auf besonders intensive äußere Feindseligkeit stieß, die buchstäblich fast alle Staaten der Welt an den Tag legten...

Um unsere Position zu erklären, will ich ferner bemerken, daß die Idee der Vereinigung der Nationen an sich für den Sowjetstaat und seine Ideologie nichts grundsätzlich Unannehmbares darstellt. Die Sowjetunion ist ja selbst ein Völkerbund für sich im besten Sinne des Wortes. Sie vereinigt 185 Völkerschaften, darunter 13 in einer zahlenmäßigen Stärke von je einer Million und solche Nationen, die wie z. B. Rußland, die Ukraine, Dutzende von Millionen Menschen zählen...

Gewiß vereint alle Völkerschaften unserer Union ein gemeinsames politisches und wirtschaftliches Regime, das gemeinsame Streben nach dem einheitlichen Ideal, das zu erreichen sie miteinander wetteifern. Aber der Sowjetstaat schloß die Möglichkeit, in irgendeiner Form auch mit Staaten eines anderen Regimes, einer anderen politischen und sozialen Struktur zusammenzuarbeiten, um gemeinschaftliche Ziele zu erreichen, keineswegs aus.

Als Voraussetzungen hierzu betrachtet der Sowjetstaat: erstens, daß jedem Staat die Möglichkeit gewährt werde, sein... staatliches Gewicht und das von ihm gewählte sozial-ökonomische System zu wahren, mit anderen Worten, gegenseitige Nichteinmischung in die inneren Angelegenheiten der Staaten, die sich zusammengeschlossen haben, und zweitens das Vorhandensein gemeinsamer Ziele...
Wir müssen als Regel aufstellen, daß jeder Staat zur Verbürgung oder Festigung seiner Sicherheit das Recht habe, von nahen oder fernen Nachbarn Garantien dieser Sicherheit zu verlangen, und daß eine derartige Forderung nicht als Ausdruck des Mißtrauens aufgefaßt werden darf..."

„Osteuropa", 10. Jg. (1934/35), S. 113 f.

Annäherung an Großbritannien und Bindung an Frankreich und die Tschechoslowakei

„Das Scheitern von Ost-Locarno legte es nahe, eine großräumige Lösung durch derartige zweiseitige Verträge zu ersetzen... Es befremdete jedoch in Moskau, daß die Ratifizierung des sowjetisch-französischen Paktes außerordentlich lange auf sich warten ließ..., während die Tschechoslowakei ihren Vertrag ohne Zögern... ratifizierte. Tatsächlich entsprangen dem Frankreichpakt keinerlei praktische Konsequenzen, auch nicht, nachdem Laval durch eine Volksfrontregierung Daladier-Blum abgelöst worden war. Oft genug beklagten sich sowjetische Politiker über das mangelnde Vertrauen, das im Grunde zwischen beiden Staaten bestand. Die innerpolitischen Ereignisse dieser Jahre waren bestimmt auch nicht geeignet, die Vertrauenswürdigkeit des sowjetischen Regimes in französischen Augen zu erhöhen." (Georg v. Rauch, Geschichte der Sowjetunion, 1969, S. 306 ff.)

Aus dem Kommuniqué über den Besuch des britischen Außenministers Anthony Eden in Moskau im Frühjahr 1935:

71 „Nach einem erschöpfenden und freimütigen Meinungsaustausch haben die Vertreter beider Regierungen festgestellt, daß gegenwärtig zwischen beiden Regierungen keinerlei Interessengegensätze in einer beliebigen wichtigen Frage der internationalen Politik bestehen und daß diese Tatsache ein sicheres Fundament für die Entwicklung ihrer fruchtbaren Zusammenarbeit im Sinne des Friedens abgibt. Sie sind überzeugt, daß beide Länder aus der Erkenntnis heraus, daß die Integrität und das Wohlergehen eines jeden von ihnen den Interessen des anderen entspricht, in ihren Beziehungen vom Geist der Zusammenarbeit und der loyalen Erfüllung der übernommenen Verpflichtungen ausgehen werden, der sich aus ihrer gemeinsamen Mitgliedschaft im Völkerbund ergibt."

„Pravda" vom 1. April 1935

Wortlaut des französisch-sowjetrussischen Protokolls vom 5. Dezember 1934:

72 „Der französische Außenminister und der sowjetrussische Volkskommissar für auswärtige Angelegenheiten, die in Genf einen Gedankenaustausch über den Stand der Verhandlungen zum Abschluß eines Ostpaktes geführt haben, für den von ihren Regierungen die Initiative ergriffen worden ist, sind zu der Feststellung gelangt, daß beide Regierungen gemeinsam entschlossen sind, den Abschluß der vorgesehenen internationalen Akte zu betreiben. Sie sind in dem Augenblick, in dem die Verhandlungen eine aktivere Wendung genommen haben, übereingekommen, im Namen ihrer Regierungen folgende Haltung einzunehmen:

1. Keine der beiden Regierungen wird sich mit den Regierungen, die zur Teilnahme an dem Ostpakt aufgefordert worden sind, und insbesondere mit denen, die ihren grundsätzlichen Beitritt noch nicht erklärt haben, in Verhandlungen einlassen, die zum Abschluß von zwei- oder mehrseitigen Verträgen führen können, die die Vorbereitung und den Abschluß des regionalen Ostpaktes und der mit ihm verbundenen Verträge kompromittieren könnten, oder die dem Geiste widersprechen, dem sie entsprungen sind.

2. Zu diesem Zweck wird jede der beiden Regierungen die andere über jeden Vorschlag auf dem Laufenden halten, der eine derartige Tragweite haben könnte, auf welchem Wege auch er ihr von einer der in Frage kommenden Regierungen unterbreitet werden würde. Diese Verpflichtungen gelten für die Dauer des laufenden diplomatischen Unternehmens und aller folgenden Unternehmungen, die gemäß der gleichen allgemeinen Auffassung und mit der gleichen Absicht an seine Stelle gesetzt werden könnten.

3. Beide Regierungen verpflichten sich, auf diese Unternehmungen nicht zu verzichten, ohne durch gemeinsames Übereinkommen festgestellt zu haben, daß es nutzlos wäre, sie weiter zu verfolgen. In diesem Falle würden sie über die neuen Versicherungen beraten, die sie sich im gleichen Geist und zum Zwecke eines gleichen Gegenstandes zu geben für zweckmäßig erachten würden.

Die beiden Regierungen sind überzeugt, daß eine solche Garantie der Kontinuität und der Wirksamkeit in der diplomatischen französisch-russischen Zusammenarbeit den Erfolg der laufenden internationalen Verhandlungen erleichtern und gleichzeitig dazu dienen wird, allgemein den Geist des gegenseitigen Vertrauens in den amtlichen Beziehungen zwischen beiden Ländern zu stärken. Im Vertrauen darauf haben die Unterzeichneten, die von ihren Regierungen hierzu ermächtigt waren, das vorliegende Protokoll unterzeichnet. Genf, den 5. Dezember 1934

(gez.) Litwinow (gez.) Laval"

„Osteuropa", 10. Jg. (1934/35), S. 248

Aus einer Stellungnahme zum „Vormarsch der russischen Politik in Europa" von neutraler Warte im Frühjahr 1935:

73 „Der Marsch Moskaus auf Genf und die sogenannte ‚Bekehrung' der sowjetrussischen Außenpolitik haben in den letzten Monaten größte Gleichgewichtsstörungen verursacht. Die Zeiten sind vorüber, wo die Bilder von Poincaré, Briand und Chamberlain auf dem Roten Platz in Moskau verbrannt wurden. Litwinow redet heute in Genf die glatte Diplomatensprache, und während die Moskauer Diplomatie neue Wege geht, ist der Wehretat in den letzten Jahren vervierfacht worden, so daß die Sowjetheere neben der Sowjetdiplomatie zu einer Macht gekommen sind, der man in Berlin, Warschau und Paris hervorragend Rechnung tragen muß.

Was auch das offene oder versteckte Ziel der neuen Methoden des Kommunismus sein möge, es ist eine positive Tatsache, daß der diplomatisch-militärische Vormarsch Moskaus eine doppelte und unmittelbare Wirkung gehabt hat. Einmal hat er Berlin die grundlegende, wenn nicht einzige Rechtfertigung für seine Aufrüstung gegeben, und dann hat er die französisch-sowjetrussische Wiederannäherung und damit die Wiederannäherung der Sowjetunion an die Kleine Entente gefördert und zugleich eine neue Linie in die Beziehungen zwischen Paris und Warschau gebracht."

„Osservatore Romano" vom 12. April 1935

Aus dem sowjetisch-französischen Beistandspakt vom 2. Mai 1935:

74 „Der zentrale Vollzugsausschuß der Sowjetunion und der Präsident der französischen Republik ... haben beschlossen, ... folgendes Abkommen abzuschließen ... :

Artikel 1

Für den Fall, daß Frankreich oder die Sowjetunion Gegenstand einer Drohung oder einer Angriffsgefahr von seiten eines europäischen Staates sein soll, verpflichten sich die Sowjetunion bzw. Frankreich gegenseitig, eine sofortige Konsultierung vorzunehmen über die zur Einhaltung der Bestimmungen des Artikels 10 der Völkerbundssatzungen zu ergreifenden Maßnahmen.

Artikel 2

Im Falle, daß... Frankreich oder Sowjetrußland trotz ihrer aufrichtig friedfertigen Absichten Gegenstand eines nicht herausgeforderten Angriffs von seiten eines europäischen Staates sein sollten, werden die Sowjetunion bzw. Frankreich sich sofort Hilfe und Beistand gewähren.

Artikel 3

Unter Berücksichtigung, daß laut Artikel 16 der Völkerbundssatzungen jedes Mitglied des Völkerbundes, das im Gegensatz zu den laut Artikel 12, 13 oder 15 der Völkerbundssatzungen übernommenen Verpflichtungen zum Kriege schreitet, ipso facto als eine Macht gilt, die eine Kriegshandlung gegen alle anderen Völkerbundsmitglieder vorgenommen hat, verpflichten sich Frankreich bzw. die Sowjetunion, für den Fall, daß eines von ihnen unter diesen Bedingungen und trotz der aufrichtig friedfertigen Absichten beider Länder Gegenstand eines nicht herausgeforderten Angriffs von seiten eines europäischen Staates wäre, sich sofort Hilfe und Beistand durch Anwendung des Artikels 16 der Völkerbundssatzungen zu gewähren.
Dieselbe Verpflichtung ist für den Fall übernommen, daß Frankreich oder die Sowjetunion Gegenstand eines Angriffes von seiten eines europäischen Staates unter den im Artikel 17 Absatz 1 und 3 der Völkerbundssatzungen vorgesehenen Bedingungen wäre.

Artikel 4

Da die oben festgesetzten Verpflichtungen mit den Pflichten der hohen vertragschließenden Parteien als Mitglieder des Völkerbundes übereinstimmen, wird nichts in dem vorliegenden Vertrag als Einschränkung der Mission des Völkerbundes zur Ergreifung geeigneter Maßnahmen zwecks wirksamer Sicherung des Weltfriedens oder als Beeinträchtigung der aus den Völkerbundssatzungen für die hohen vertragschließenden Parteien sich ergebenden Verpflichtungen ausgelegt werden..." *„Osteuropa", 10. Jg. (1934/35), S. 568 ff.*

Aus dem tschechoslowakisch-sowjetischen Vertrag über gegenseitige Beistandsleistung vom 16. Mai 1935:

„Artikel 1

75 Für den Fall, daß die Tschechoslowakische Republik oder die UdSSR Gegenstand einer Angriffsdrohung oder einer Angriffsgefahr von seiten eines europäischen Staates werden sollte, verpflichten sich die UdSSR und ebenso die Tschechoslowakische Republik, sich untereinander sofort über die zur Erhaltung der Bestimmungen von Artikel 10 der Völkerbundssatzung zu ergreifenden Maßnahmen zu beraten.

Artikel 2

Falls die Tschechoslowakische Republik oder die UdSSR unter den in Artikel 15 Absatz 7 der Völkerbundssatzung vorgesehenen Bedingungen trotz der aufrichtig friedfertigen Absichten beider Länder Gegenstand eines nicht herausgeforderten Angriffs von seiten eines europäischen Staates werden sollte, werden die UdSSR und ebenso die Tschechoslowakische Republik sich unverzüglich Hilfe und Beistand gewähren.

Artikel 3

In der Erwägung, daß nach Artikel 16 der Völkerbundssatzung jedes Bundesmitglied, das entgegen den in den Artikeln 12, 13 oder 15 der Satzung übernommenen Verpflichtungen zum Kriege schreitet, ohne weiteres so angesehen wird, als hätte es eine Kriegshandlung gegen alle anderen Bundesmitglieder begangen, verpflichten sich die Tschechoslowakische Republik und ebenso die UdSSR für den Fall, daß eines von ihnen unter diesen Bedingungen und trotz der aufrichtig friedfertigen Absichten beider Länder Gegenstand eines nicht herausgeforderten Angriffs von seiten eines europäischen Staates werden sollte, sich in Anwendung von Artikel 16 der Satzung sofort Hilfe und Beistand zu gewähren.
Die gleiche Verpflichtung wird übernommen für den Fall, daß die Tschechoslowakische Republik oder die UdSSR unter den in Artikel 17 Absatz 1 und 3 der Satzung vorgesehenen Bedingungen Gegenstand eines Angriffs von seiten eines europäischen Staates werden sollte...

Geschehen zu Prag in doppelter Ausfertigung am 16. Mai 1935

Dr. Eduard Benesch
Sergej Sergejewitsch Alexandrowskij

Protokoll

Gleichzeitig mit der Unterzeichnung des tschechoslowakisch-sowjetrussischen Vertrages über gegenseitige Beistandsleistung vom heutigen Tage haben die Bevollmächtigten das nachfolgende Protokoll unterzeichnet, das in den Austausch der Ratifikationsurkunden mit einbegriffen werden soll:...

II. Die beiden Regierungen stellen fest, daß die Tragweite der in den Artikeln 1, 2 und 3 dieses Vertrages enthaltenen Verpflichtungen, der in dem Bestreben abgeschlossen wurde, zum Ausbau eines regionalen Sicherheitssystems in Osteuropa beizutragen, dessen Anfang mit dem französisch-sowjetrussischen Vertrag vom 2. Mai 1935 gemacht wurde, so abgegrenzt ist, wie es in Punkt IV des Unterzeichnungsprotokolls zu dem erwähnten Vertrag festgesetzt ist. Beide Regierungen anerkennen zugleich, daß die Verpflichtungen zur gegenseitigen Beistandsleistung zwischen ihnen nur soweit wirksam sein werden, als die von jenem Vertrage vorgesehenen Bedingungen gegeben sein werden und dem Opfer des Angriffs von seiten Frankreichs Beistand gewährt wird..."

„Osteuropa", 10. Jg. (1934/35), S. 660 f.

Aus dem offiziellen Kommuniqué anläßlich des Besuches des tschechoslowakischen Außenministers Dr. Eduard Beneš in Moskau vom 11. Juni 1935:

76 „In den Unterredungen wurde die internationale Lage in Europa vom Standpunkt der Interessen des Friedens genau erörtert. Die Vertreter beider Staaten waren gezwungen festzustellen, daß das Gefühl der Besorgnis für das Schicksal des allgemeinen Friedens, das sich der Staaten Europas in den letzten Jahren bemächtigte, nicht geschwunden ist, sondern im Gegenteil noch stärker geworden ist insbesondere infolge des Widerstandes, dem die Maßnahmen zur Gewährleistung der Sicherheit der europäischen Länder durch kollektive Bemühungen, die auf verschiedenen internationalen Beratungen und bei Zusammenkünften der Staatsmänner in Genf ins Auge gefaßt wurden, begegnen. Weiter wurde die Einheitlichkeit der Ansichten der Teilnehmer an den Unterredungen über die außerordentliche Bedeutung festgestellt, die im gegebenen Augenblick die tatsächliche Verwirklichung einer allumfassenden kollektiven Organisierung der Sicherheit auf der Grundlage der Unteilbarkeit des Friedens haben würde. Die Unterredungsteilnehmer, die anerkennen, daß die unlängst zwischen der Sowjetunion und Frankreich sowie zwischen der Sowjetregierung und der Tschechoslowakei abgeschlossenen Pakte gegenseitiger Hilfe eine teilweise Verwirklichung dieser Maßnahmen sind, bestätigen die Entschlossenheit ihrer Regierungen, die Bemühungen zur Überwindung der Hindernisse, die einer umfassenderen kollektiven Organisierung der Sicherheit im Wege stehen, fortzusetzen. Als Grundlage der Zusammenarbeit beider Länder wurde ihr aufrichtiges Bemühen um die Festigung des Friedens zum Wohle aller Völker Europas anerkannt."

„Osteuropa", 10. Jg. (1934/35), S. 658

Volksfront gegen den „Faschismus"

„Es ist bemerkenswert, daß hier [d. h. auf dem VII. Kongreß der Komintern] zum erstenmal in der Geschichte der Kominternkongresse der sowjetische Staat als solcher in den Mittelpunkt der Argumentationen gestellt wurde... Wenn als Ergebnis dieses Kongresses im Ausland von seiten naiver Beobachter häufig... ein Verzicht auf die weltrevolutionären Ziele des Bolschewismus – durchaus im Sinne der sowjetischen Propagandataktik – behauptet wurde, so ist damals in Wahrheit bloß der Übergang zu elastischen Methoden vollzogen worden.
Jetzt wurde die These, daß der Faschismus und die Sozialdemokratie Zwillingsbrüder seien, zu den Akten gelegt; stattdessen wurde die „Verteidigung der Demokratie" gegen den Faschismus zur wichtigsten Aufgabe der Arbeiterbewegung erklärt. Sozialdemokraten und Kommunisten wurden aufgefordert, zusammenzustehen und sogenannte Volksfronten zu bilden."
(Georg v. Rauch, Geschichte der Sowjetunion, 1969, S. 305 ff.)

Aus einer Resolution des VII. Kongresses der Kommunistischen Internationale vom 20. August 1935:

77 „Für die Verteidigung der bürgerlich-demokratischen Freiheiten und der Errungenschaften der Werktätigen gegen den Faschismus sowie für den Sturz der faschistischen Diktatur kämpfend, entwickelt das revolutionäre Proletariat seine Kräfte, festigt die Kampfverbindungen mit seinen Bundesgenossen und richtet den Kampf auf das Ziel der Eroberung der wirklichen Demokratie der Werktätigen, der Sowjetmacht.
Das weitere Erstarken des Landes der Sowjets, der Zusammenschluß des Weltproletariats um das Land der Sowjets und das mächtige Anwachsen der internationalen Autorität der Kommunistischen Partei der Sowjetunion, die begonnene Schwenkung der sozialdemokratischen und der in den reformistischen Gewerkschaften organisierten Arbeiter zum revolutionären Klassenkampf, der wachsende Widerstand der Massen gegen den Faschismus und das Anwachsen der revolutionären Bewegung in den Kolonien, der Niedergang der II. Internationale und der Aufstieg der Kommunistischen Internationale – alles dies beschleunigt die Entwicklung der sozialistischen Weltrevolution und wird sie auch weiterhin beschleunigen.
Die kapitalistische Welt geht infolge der Verschärfung der inneren und äußeren Gegensätze des Kapitalismus zu einer Periode heftiger Zusammenstöße über.
Der VII. Kongreß der Kommunistischen Internationale, der auf diese Perspektive der revolutionären Entwicklung Kurs hält, ruft die kommunistischen Parteien zu größter politischer Aktivität und Kühnheit, zum unermüdlichen Kampf für die Herstellung der Ak-

tionseinheit der Arbeiterklasse auf. Die Herstellung der Einheitsfront der Arbeiterklasse ist das entscheidende Kettenglied in der Vorbereitung der Werktätigen auf die bevorstehenden gewaltigen Kämpfe des zweiten Turnus der proletarischen Revolutionen. Nur der Zusammenschluß des Proletariats zu einer einheitlichen politischen Massenarmee wird seinen Sieg im Kampf gegen den Faschismus und gegen die Herrschaft des Kapitals, für die Diktatur des Proletariats und die Sowjetmacht sichern."

Wilhelm Pieck/Georgi Dimitroff/Palmiro Togliatti, Die Offensive des Faschismus und die Aufgaben der Kommunisten im Kampf für die Volksfront gegen Krieg und Faschismus, Berlin[-Ost] 1957, S. 291 f.

Aus einer Protestnote der Vereinigten Staaten von Amerika, die Botschafter William C. Bullitt dem stellvertretenden Außenkommissar N. N. Krestinskij überreichte am 25. August 1935:

78 „Im Auftrage meiner Regierung habe ich die Ehre, Ihre Aufmerksamkeit auf die Vorgänge zu richten, die eine Einmischung in die inneren Angelegenheiten der Vereinigten Staaten darstellen und auf dem Gebiet der UdSSR in Verbindung mit dem VII. Weltkongreß der Kommunistischen Internationale stattgefunden haben. Im Namen der Regierung der Vereinigten Staaten erhebe ich den förmlichsten Protest gegen diese flagrante Verletzung der von der Regierung der UdSSR am 16. November 1933 eingegangenen Verpflichtung über die Nichteinmischung in die inneren Angelegenheiten der Vereinigten Staaten...

Meine Regierung lenkt insbesondere die Aufmerksamkeit auf die Verpflichtungen der UdSSR, die in Punkt 4 enthalten sind. Sie nimmt es als gegeben, daß das Ziel und die Tätigkeit einer Organisation wie des Kongresses der Kommunistischen Internationale, die auf dem Gebiet der UdSSR arbeitet, der Regierung der UdSSR nicht unbekannt sein können. Es erscheint unnötig, Beweise vorzulegen, um das Ziel des Kongresses der Kommunistischen Internationale bezüglich der politischen und sozialen Ordnung der Vereinigten Staaten zu zeigen, oder die in der Presse veröffentlichten Auszüge der Protokolle zu zitieren, um die Tätigkeit des Kongresses zu zeigen, die die inneren Angelegenheiten der Vereinigten Staaten betreffen, und die durch die Kongreßdiskussion über die Politik und die Tätigkeit der kommunistischen Organisation in den Vereinigten Staaten und die durch die vom Kongreß angenommenen Entschließungen über die von dieser kommunistischen Organisation in den Vereinigten Staaten zu verfolgende Politik gebilligt worden ist.

Desgleichen erscheint es nicht notwendig, die Namen der Vertreter und Funktionäre der kommunistischen Organisation in den Vereinigten Staaten zu nennen, die einen Beweis ihrer Tätigkeit auf besagtem Kongreß gegeben haben, und deren Zulassung auf dem Gebiet der UdSSR natürlich der Regierung der UdSSR bekannt war. Wie ich schon dem Volkskommissar für Auswärtige Angelegenheiten bei der Besprechung früherer Verletzungen der Verpflichtung vom 16. November angekündigt habe, mißbilligt das amerikanische Volk in der schärfsten Weise die Einmischung fremder Länder in seine inneren Angelegenheiten, welcher Art und von welchem möglichen Ergebnis diese Einmischung auch sein möge, und die Regierung der Vereinigten Staaten betrachtet die sorgfältige Beachtung dieser Verpflichtung der Nichteinmischung als wesentliche Vorbedingung für die Aufrechterhaltung normaler und freundschaftlicher Beziehungen zwischen den Vereinigten Staaten und der UdSSR. Der Regierung der Vereinigten Staaten würde es an Aufrichtigkeit mangeln, wenn sie nicht freimütig erklärte, daß sie die ernstesten Folgen voraussehe, wenn die Regierung der UdSSR nicht willens oder außerstande sei, geeignete Maßnahmen zu ergreifen, um weitere Handlungen zu verhindern, die eine Verletzung der Verpflichtungen, die von der Regierung der UdSSR der Regierung der Vereinigten Staaten gegeben worden sind, darstellen würden. Ich füge hinzu, daß bedauerlicherweise in der gegenwärtigen internationalen Lage die Entwicklung der freundschaftlichen Beziehungen zwischen dem Sowjet- und dem amerikanischen Volke unvermeidlich kompromittiert werden muß durch die Fortsetzung von Handlungen auf dem Gebiet der UdSSR, die das Versprechen der Sowjetregierung verletzen und die Einmischung in die inneren Angelegenheiten des amerikanischen Volkes nach sich ziehen."

„Osteuropa", 10. Jg. (1934/35), S. 741 f.

Ambivalente Haltung in der tschechoslowakischen Krise

„Moskau stand der Zerstückelung der Tschechoslowakei mit ‚Gelassenheit' gegenüber, d. h., Moskau beabsichtigte nicht, ihr ohne Beteiligung der Westmächte zu Hilfe zu eilen. Die Worte Litvinovs vom 16. September ..., die die Tschechoslowakei für verloren erklärten und die Unmöglichkeit einer wirksamen militärischen Hilfe für sie demonstrierten, lassen nur einen Schluß zu: Die Sowjetunion war nicht gewillt, sich ohne die Westmächte in den Krieg mit Deutschland zu stürzen." (Boris Celovsky, Das Münchener Abkommen 1938, 1958, S. 382)

Bericht über eine Unterredung zwischen dem französischen Außenminister Georges Bonnet und dem Volkskommissar für Auswärtige Angelegenheiten der UdSSR, M. M. Litvinov, vom 12. Mai 1938:

79 „Wenn Frankreich die Verpflichtungen seines Beistandspaktes mit der Tschechoslowakei erfülle, dann würde die Union der Sozialistischen Sowjetrepubliken gleichfalls ihre Verpflichtungen aus dem eigenen Pakt mit der Tschechoslowakei einhalten. Ich beharrte dabei, zu fragen, wie die Union der Sozialistischen Sowjetrepubliken praktisch der Tschechoslowakei Beistand leisten könne, mit der sie keine gemeinsame Grenze habe. Sie sei doch offenkundig genötigt, ihre Truppen und ihre Flugzeuge durch polnisches oder rumänisches Gebiet passieren zu lassen. Wie würde sie also verfahren? Sei sie bereit, die Zustimmung dieser Länder zu erzwingen?
Herr Litwinow antwortete mir, daß die Sowjetregierung sich weigere, ihre Truppen oder Flugzeuge über polnisches oder rumänisches Gebiet passieren zu lassen, solange sie nicht die Zustimmung Rumäniens oder Polens habe. Sie trage kein Verlangen danach, sich mit diesen Ländern im Kriege zu befinden. Aber Frankreich habe einen Freundschaftspakt mit dem einen Land und einen Bündnisvertrag mit dem anderen. Die französische Regierung sei daher besonders geeignet, um das Durchmarschrecht für die sowjetischen Armeen und Flugzeuge zu erlangen."

Michael Freund (Hrsg.), Geschichte des Zweiten Weltkrieges in Dokumenten, Bd. I, Freiburg/Brsg. ²1954, S. 64

Aus einer Rede des Volkskommissars für Auswärtige Angelegenheiten der UdSSR, M. M. Litvinov, vor der Völkerbundsversammlung am 21. September 1938:

80 „Wir beabsichtigen, unsere Verpflichtungen kraft des Paktes zusammen mit Frankreich zu erfüllen, und wollen der Tschechoslowakei Unterstützung auf all den Wegen gewähren, die uns offen sind.
Unser Kriegsministerium ist bereit, sofort an einer Konferenz teilzunehmen, um mit Vertretern der französischen und tschechischen Heeresleitungen die Maßnahmen zu erörtern, die im gegenwärtigen Moment angebracht sind. Unabhängig davon erachten wir es als wünschenswert, daß die Frage vor den Völkerbund gebracht wird, und sei es zunächst nur kraft Artikel 9 mit dem Ziele, einmal die öffentliche Meinung zu mobilisieren und zweitens die Stellung gewisser anderer Staaten zu ermitteln, deren passive Hilfe äußerst wertvoll werden könnte. Es ist jedoch notwendig, alle Mittel zu erschöpfen, um einen bewaffneten Konflikt zu vermeiden, und wir

sind der Meinung, daß dies durch die sofortige Beratung unter den Großmächten Europas und anderen interessierten Staaten über Möglichkeiten und Bedingungen einer kollektiven Demarche erreicht werden könnte.
... Vor zwei Tagen richtete die tschechische Regierung eine förmliche Anfrage an meine Regierung, ob die Sowjetunion in Übereinstimmung mit dem sowjetisch-tschechischen Pakt bereit wäre, wenn Frankreich, seinen Verpflichtungen getreu, einen ähnlichen Beistand leisten würde. Meine Regierung gab auf diese Anfrage eine klare Antwort im bejahenden Sinne.
Ich glaube, es wird anerkannt werden, daß beide Antworten die eines loyalen Unterzeichners eines internationalen Abkommens und eines treuen Dieners des Völkerbundes sind. Es ist nicht unser Fehler, wenn unseren Vorschlägen keine Beachtung geschenkt wurde, von denen ich überzeugt bin, daß sie die gewünschten Ergebnisse nicht nur im Interesse der Tschechoslowakei, sondern auch des ganzen Europas und des allgemeinen Friedens gezeitigt hätten. Unglücklicherweise wurden andere Schritte getan, die zu einer Kapitulation geführt haben und nur zu einer Kapitulation führen konnten, die früher oder später unberechenbare und verderbliche Folgen haben muß.
Einen ungewissen Krieg heute zu vermeiden und dafür einen sicheren und ausgedehnten Krieg morgen einzutauschen – dazu noch um den Preis, den Begierden unersättlicher Angreifer entgegenzukommen und souveräne Nationen zu zerstören oder zu verstümmeln –, heißt nicht im Geiste des Völkerbundes handeln. Prämien dafür zu erteilen, daß jemand mit dem Säbel rasselt und zur Lösung internationaler Probleme die Zuflucht zur Gewalt nimmt – mit anderen Worten den aggressiven Superimperialismus zu belohnen und zu ermutigen –, heißt nicht im Geist des Briand-Kellogg-Paktes handeln ..."

Michael Freund (Hrsg.), Geschichte des Zweiten Weltkrieges in Dokumenten, Bd. I, Freiburg/Brsg. ²1954, S. 167 f.

Aus einer Aufzeichnung des deutschen Botschafters in Moskau, Werner Graf von der Schulenburg, über eine Unterredung mit dem stellvertretenden Volkskommissar für Auswärtige Angelegenheiten, V. P. Potemkin, vom 29. September 1938:

81 „Ich habe heute Herrn Potemkin ... aufgesucht, um laufende Angelegenheiten mit ihm zu besprechen. P. kam sofort auf die tschechoslowakische Frage zu sprechen; seine Verärgerung über den Gang der Ereignisse war deutlich erkennbar.
P. meinte, es sei eigentlich eine Unmöglichkeit, daß man eine Konfe-

renz über das Schicksal eines Landes abhalte, ohne daß dieses Land vertreten sei. Was jetzt geschehe sei die Wiedergeburt des ‚berühmten' Vier-Mächte-Pakts, der Europa seinen Willen aufzwingen wolle und dessen erster Materialisierung er... beigewohnt habe. Die Sowjet-Regierung halte daran fest, daß die tschechische Streitfrage durch eine allgemeine Konferenz gelöst werden sollte. Einen solchen Vorschlag habe die Sowjet-Union bereits im März d. J. (nach dem österreichischen Anschlusse!) gemacht. Jetzt werde die Meinung der Sowjet-Union in glücklicher Weise durch die Anregung des Präsidenten Roosevelt ergänzt.
P. fuhr fort: die jetzt an der Zerstörung der Tschechoslowakei beteiligten Mächte würden ihr Zurückweichen vor dem militanten Nationalismus bitter bereuen. Zuerst Polen, denn es gebe in Polen ‚sehr viele' Deutsche; vor allem aber dürfe man nicht vergessen, daß in Polen mehrere Millionen Ukrainer lebten, die sich bereits zu ‚regen' begännen. Auch Italien werde daran glauben müssen und sein Süd-Tirol verlieren...
Ich habe Herrn P. reden lassen und habe nur darauf hingewiesen, daß der Führer in seiner Montag-Rede auf alle weiteren Absichten auf Landerwerb in Europa verzichtet habe und daß danach Herr Litwinow seine Ängste um die ‚von uns zu erobernde' Ukraine begraben könne. Herr P. hat geantwortet, es sei nicht sicher, daß die nationalsozialistische Doktrin die Sowjet-Union und die sowjetische Ukraine zu Europa rechne..."

Akten zur Deutschen Auswärtigen Politik 1918–1945, Serie D (1937–1945) Bd. 2, Baden-Baden 1950, S. 799 ff.

IV. Aufstieg zur Weltmacht (1939–1945)

Außenpolitische Vorsätze am Vorabend des Zweiten Weltkrieges

„Vornehmlich an die Adresse Deutschlands war... Stalins sogenannte ‚Kastanienrede' vom 10. März 1939... gerichtet, in der es hieß, die Sowjetunion werde sich nicht von Kriegsprovokateuren in einen Konflikt hineinziehen lassen... Aber erst Hitlers nächster Aggressionsakt, die von ihm wenige Tage nach Stalins Kastanienrede inszenierte Zerschlagung der Rest-Tschechoslowakei, und die Art und Weise, in der die britische Regierung darauf antwortete, eröffneten der sowjetischen Politik schlagartig jenen Aktions- und Operationsspielraum, den sie so sehr anstrebte und längst zu besitzen vorgab, über den sie indessen bis dahin faktisch kaum verfügte." (Karl-Heinz Ruffmann, Sowjetunion, 1972, S. 180)

Aus einer Rede des Generalsekretärs der KPdSU, I. V. Stalin, vor dem XVIII. Parteitag der KPdSU, der sogenannten „Kastanien-Rede", vom 10. März 1939:

82 „Die Außenpolitik der Sowjetunion ist klar und verständlich:
1. Wir sind für den Frieden und für die Festigung sachlicher Beziehungen mit allen Ländern; auf diesem Standpunkt stehen wir und werden wir stehen, soweit diese Länder ebensolche Beziehungen zur Sowjetunion unterhalten, soweit sie nicht versuchen werden, die Interessen unseres Landes zu verletzen.
2. Wir sind für friedliche und gutnachbarliche Beziehungen mit allen Nachbarländern, die mit der UdSSR eine gemeinsame Grenze haben; auf diesem Standpunkt stehen wir und werden wir stehen, soweit diese Länder ebensolche Beziehungen zur Sowjetunion unterhalten, soweit sie nicht, direkt oder indirekt, versuchen werden, die Interessen der Unversehrtheit und Unantastbarkeit der Grenzen des Sowjetstaates zu verletzen...
Die Aufgaben der Partei auf dem Gebiet der Außenpolitik sind folgende:
1. auch in Zukunft eine Politik des Friedens und der Festigung sachlicher Beziehungen mit allen Ländern verfolgen;
2. Vorsicht walten lassen und den Kriegsprovokateuren, die es gewohnt sind, sich von anderen die Kastanien aus dem Feuer holen zu lassen, nicht die Möglichkeit geben, unser Land in Konflikte hineinzuziehen;
3. die Kampfkraft unserer Roten Armee und unserer Roten Kriegsmarine auf größtmögliche Weise zu stärken;

4. die internationalen Freundschaftsbeziehungen mit den Werktätigen aller Länder, die am Frieden und an der Freundschaft zwischen den Völkern interessiert sind, festigen."

I. V. Stalin, Sočinenija, Tom 1 [XIV], Stanford/Calif. 1967, S. 343 ff.

Von Litvinov zu Molotov

„Als am 3. Mai 1939 Litvinov als langjähriger Außenkommissar von... Molotov abgelöst wurde, der diesen Posten zusätzlich zum Amt des Vorsitzenden des Rates der Volkskommissare übernahm, das er ab 1930 bekleidete, war der neue Kurs der sowjetischen Außenpolitik eingeleitet. Die Person des Außenkommissars sollte einer eventuellen Vereinbarung mit Deutschland nicht im Wege stehen; für diese mußte Molotov geeigneter als sein Vorgänger erscheinen." (Georg v. Rauch, Geschichte der Sowjetunion, 1969, S. 317)

Telegramm des Deutschen Geschäftsträgers in Moskau an das Auswärtige Amt vom 4. Mai 1939:

„Moskau, den 4. Mai 1939, 20.45 Uhr
Ankunft den 4. Mai 1939, 22.00 Uhr

83 Nr. 61 vom 4. 5.

Ernennung Molotows zum Außenkommissar unter Beibehaltung seines Amts als Vorsitzender des Rates der Volkskommissare wird als Ukas des Präsidiums des Obersten Sowjets vom 3. Mai von der Sowjetpresse in großer Aufmachung veröffentlicht. Entlassung Litwinows erscheint auf letzter Seite klein unter Chronik. Plötzlicher Wechsel hat hier größte Überraschung hervorgerufen, da Litwinow sich mitten in Verhandlungen mit der englischen Delegation befand, noch bei der 1. Mai-Parade auf Ehrentribüne in nächster Nähe Stalins erschienen und in letzter Zeit konkrete Anzeichen für Erschütterung seiner Stellung nicht vorlagen. Sowjetpresse enthält keine Kommentare. Außenkommissariat gibt Pressevertretern keine Erläuterungen.

Nachdem Litwinow noch am 2. Mai den englischen Botschafter empfangen hatte und noch in gestriger Presse als Ehrengast bei Parade genannt wurde, scheint seine Entlassung Folge spontanen Entschlusses Stalins zu sein. Entschluß hängt vermutlich damit zusammen, daß im Kreml Meinungsverschiedenheiten über Litwinows Verhandlungen entstanden sind. Grund für Meinungsverschiedenheiten dürfte in tiefem Mißtrauen liegen, das Stalin gegenüber gesamten kapitalistischen Umwelt hegt. Auf letztem Parteikongreß mahnte Stalin zur Vorsicht, damit Sowjetunion nicht in Konflikte hineingezogen werde. Molotow (kein Jude) gilt als ‚engster Freund und nächster Mitarbeiter' Stalins. Seine Ernennung soll offenbar Gewähr dafür bieten, daß die Außenpolitik streng im Stalinischen Sinn fortgesetzt wird.

Tippelskirch"

E. M. Carroll/F. T. Epstein (Hrsg.), Das nationalsozialistische Deutschland und die Sowjetunion 1939–1941, Washington 1948, S. 2 f.

Verhandlungen mit den Westmächten

„Aber als Polen sich nicht bereit fand, den deutschen Forderungen ... nachzugeben, und in seinem Widerstand durch die Garantieerklärung der Westmächte gestärkt wurde, als demnach ein Krieg unvermeidbar wurde, wenn nicht die angeblich letzten territorialen Wünsche Großdeutschlands unerfüllt bleiben sollten, sah sich Stalin im Sommer 1939 mit einem Male von beiden Seiten heftig umworben. Die Westmächte waren in der Vorhand, ... aber Hitler war bereit, den höheren Preis zu zahlen." (Günther Stökl, Russische Geschichte, 1962, S. 747 f.)

Stellungnahme der Regierung der UdSSR zu den Verhandlungen mit Großbritannien und Frankreich in einem Bericht des Volkskommissars für Auswärtige Angelegenheiten, V. M. Molotov, vom 31. Mai 1939:

84 „Will man tatsächlich eine tatkräftige Front der friedliebenden Länder gegen die drohende Aggression schaffen, so sind hierfür die folgenden minimalen Bedingungen notwendig: der Abschluß eines effektiven Paktes über gegenseitige Hilfe gegen die Aggression zwischen England, Frankreich und der UdSSR, der ausschließlich der Verteidigung dient; die Gewährung von Garantien Englands, Frankreichs und der UdSSR für die Staaten Zentral- und Osteuropas – wobei ausnahmslos alle an die UdSSR grenzenden europäischen Länder einzuschließen sind – gegen den Überfall von Aggressoren; der Abschluß eines konkreten Abkommens zwischen England, Frankreich und der UdSSR über die Formen und die Ausmaße einer unverzüglichen und wirksamen Hilfe, die im Falle des Überfalls von Aggressoren gegenseitig sowie den eine Garantie erhaltenden Staaten zu leisten ist.

Das ist unsere Meinung, die wir niemandem aufzwingen wollen, für die wir jedoch eintreten. Wir verlangen nicht, daß unser Standpunkt angenommen wird, und bitten niemanden darum. Wir sind jedoch der Auffassung, daß dieser Standpunkt tatsächlich den Interessen der Sicherheit der friedliebenden Staaten entspricht.

Das wäre ein Abkommen ausschließlich defensiven Charakters, das gegen den Überfall von Aggressoren gerichtet wäre und sich von Grund auf von jenem Kriegs- und Offensivbündnis unterscheiden würde, das kürzlich Deutschland und Italien abgeschlossen haben.

Selbstverständlich ist das Prinzip der Gegenseitigkeit und gleicher Verpflichtungen die Grundlage für ein solches Abkommen.
Man muß feststellen, daß dieses elementare Prinzip in gewissen englisch-französischen Vorschlägen keine Sympathie fand. Die Engländer und Franzosen haben sich gegen den direkten Überfall von Aggressoren durch Pakte über gegenseitige Hilfe untereinander und mit Polen Garantien geschaffen und wollten sich im Falle des Überfalls von Aggressoren auf Polen und Rumänien die Hilfe der UdSSR sichern, aber sie ließen die Frage offen, ob die UdSSR ihrerseits auf ihre Hilfe rechnen kann, wenn ein direkter Überfall von Aggressoren auf sie erfolgt, ebenso wie sie die andere Frage offenließen, ob sie sich an Garantien für die an die UdSSR angrenzenden kleinen Staaten beteiligen können, die die nordwestlichen Grenzen der UdSSR decken, falls diese Staaten nicht imstande sein sollten, ihre Neutralität gegen den Überfall von Aggressoren zu behaupten. Somit hat sich für die UdSSR eine ungleiche Lage ergeben."

Handbuch der Verträge 1871–1964, Berlin[-Ost] 1964, S. 306

Aus dem sowjetischen Protokoll des siebten Tages der Verhandlungen der Militärmissionen der UdSSR, Englands und Frankreichs vom 21. August 1939:

85 „Marschall Woroschilow: Ich möchte eine Antworterklärung verlesen: In seiner Erklärung hat der britische Missionschef, Admiral Drax, im Namen der britischen und der französischen Militärmission einige Fragen gestellt, zu denen die sowjetische Mission es für nötig erachtet, Stellung zu nehmen.
1. In der Erklärung wird betont, daß die französische und die englische Militärmission in die UdSSR zur Ausarbeitung einer militärischen Konvention geladen worden seien.
Die sowjetische Militärmission erläutert den tatsächlichen Sachverhalt. Die Beratung der Militärmissionen Englands, Frankreichs und der UdSSR war die natürliche Fortsetzung der politischen Verhandlungen zwischen Vertretern Englands, Frankreichs und der UdSSR, deren Zweck bekanntlich darin bestand, den gemeinsamen Plan einer Abwehr der Aggression in Europa auszuarbeiten.
In diesem Zusammenhang hat die Sowjetregierung wiederholt erklärt, keinen Unterschied zwischen einem politischen Pakt und einer militärischen Konvention machen zu können, die das Ergebnis politischer und militärischer Verhandlungen zwischen unseren Ländern sein müssen. Die Regierungen Englands und Frankreichs pflichteten der Ansicht der Sowjetregierung bei und entsandten ihre Militärmissionen in die UdSSR.
2. Wie die englisch-französische Militärmission erklärt hat, falle es

ihr schwer, die Handlungsweise der sowjetischen Mission zu begreifen, die nach Ansicht der britisch-französischen Militärmission beabsichtige, sogleich komplizierte und wichtige politische Fragen zu stellen.
Die Absicht der sowjetischen Militärmission ist und bleibt, mit der englischen und französischen Militärmission über eine praktische Organisierung der militärischen Zusammenarbeit der Streitkräfte der drei Partnerländer übereinzukommen.
Die sowjetische Mission ist der Ansicht, daß die UdSSR, die keine gemeinsame Grenze mit Deutschland hat, Frankreich, England, Polen und Rumänien nur dann Beistand erweisen kann, wenn die sowjetischen Truppen die Durchmarscherlaubnis durch polnisches und rumänisches Territorium erhalten, denn es gibt keinen anderen Weg, mit Truppen des Aggressors Tuchfühlung aufzunehmen...
Zu unserer Verwunderung stimmen die britische und französische Militärmission mit der sowjetischen Militärmission nicht überein. Darin gehen unsere Meinungen auseinander.
Die sowjetische Militärmission kann sich nicht vorstellen, daß die Regierungen und die Generalstäbe Englands und Frankreichs, als sie ihre Missionen zu Verhandlungen über eine Militärkonvention in die UdSSR entsandten, ihnen keine genauen und positiven Weisungen in einer elementaren Frage wie dem Durchmarsch und den Operationen der sowjetischen Streitkräfte gegen die Truppen des Aggressors auf dem Territorium Polens und Rumäniens erteilt haben, zu denen England und Frankreich entsprechende politische und militärische Beziehungen haben.
Sollte französischer- und englischerseits jedoch dieses Axiom zu einem schwierigen Problem gemacht werden, das einer längeren Prüfung bedarf, so bedeutet dies, daß man allen Grund hat, zu bezweifeln, ob tatsächlich eine ernste militärische Zusammenarbeit mit der UdSSR angestrebt wird...
Admiral Drax: Auf die Erklärung des Herrn Marschalls möchte ich sagen, daß, falls auch der geringste Zweifel an der Ernsthaftigkeit unserer Absichten, ein militärisches Abkommen zu schließen, bestanden hätte, wir dies offen und unverzüglich erklärt hätten... Die angeschnittenen politischen Fragen werden bereits von unseren Regierungen erörtert..."

Lew Besymenski, Sonderakte „Barbarossa", Stuttgart 1968, S. 123 ff.

Annäherung an das „Dritte Reich"

„Ab 1939 datiert eine neue Periode der Geschichte Sowjetrußlands. Ihr bestimmendes Wesensmerkmal war die von Stalin eingeleitete, durchgeführte und vollendete imperialistische Expansion der Sowjetmacht. An ihrem Anfang stand eine fast zweijährige Partnerschaft mit dem nationalsozialistischen Deutschland... Die Grundlage dafür schuf der Molotow-Ribbentrop-Pakt vom 23. August 1939. Der Weg zu seinem Zustandekommen verlief gewiß nicht geradlinig und war bestimmt keine Einbahnstraße. Daß er begangen wurde, entschieden... in erster und letzter Instanz die beiden Diktatoren in Berlin und Moskau." (Karl-Heinz Ruffmann, Sowjetunion, 1972, S. 189)

Aus einem Telegramm des Deutschen Botschafters in Moskau an das Auswärtige Amt vom 3. August 1939:

86 „In heutiger $1^{1}/_{4}$stündiger Unterredung trat Molotow aus seiner sonstigen Reserve heraus und zeigte sich ungewöhnlich aufgeschlossen.

Ich knüpfte an meine letzte Unterredung mit M. an und sagte, daß inzwischen die Wirtschaftsverhandlungen in Berlin wiederaufgenommen worden seien und anscheinend erfolgversprechenden Verlauf nähmen... Anschließend erklärte ich, daß unseres Erachtens von Ostsee bis zum Schwarzen Meer keine Gegensätze zwischen Deutschland und der Sowjetunion beständen, daß Antikominternpakt nicht gegen Sowjetunion gerichtet sei, daß wir durch Abschluß von Nichtangriffsverträgen mit den Baltenstaaten unseren Entschluß dokumentiert hätten, ihre Integrität zu respektieren, und daß unsere bekannten Forderungen gegen Polen keine Beeinträchtigung sowjetischer Interessen bedeuteten. Wir glaubten daher, daß Interessenausgleich durchaus möglich, und bäten hierzu um Meinung der Sowjetregierung.

M. gab in längeren Ausführungen punktweise Antwort. Er erklärte, daß Sowjetregierung Abschluß Wirtschaftsabkommens stets gewünscht habe und, falls auf deutscher Seite gleicher Wunsch bestehe, so beurteile er Aussichten auf Zustandekommen eines Wirtschaftsabkommens als durchaus günstig. Was die Haltung der Sowjetpresse betreffe, so halte er unsere Vorwürfe – von Ausnahmen abgesehen – für unbegründet. Er stehe aber auf dem Standpunkt, daß die Presse beider Länder alles unterlassen müsse, was eine Verschärfung der Beziehungen zur Folge haben könnte. Die allmähliche Aufnahme von kulturellen Beziehungen halte er für notwendig und zweckmäßig und stelle fest, daß erfreuliche Ansätze einer Besserung bereits vorhanden.

Zur Frage der politischen Beziehungen übergehend erklärte M., daß auch Sowjetregierung Normalisierung und Besserung der beiderseitigen Beziehungen wünsche...

Aus gesamter Haltung M.'s ergab sich. daß bei Sowjetregierung zwar größere Bereitschaft zur Verbesserung deutsch-sowjetischer Beziehungen vorhanden, daß jedoch altes Mißtrauen gegen Deutschland weiterbesteht. Mein Gesamteindruck geht dahin, daß Sowjetregierung gegenwärtig entschlossen, mit England-Frankreich abzuschließen, falls diese sämtliche sowjetischen Wünsche erfüllen. Allerdings dürften Verhandlungen noch lange dauern, zumal Mißtrauen gegenüber England ebenfalls groß. Ich glaube, daß meine Mitteilungen M. beeindruckt haben, trotzdem wird es erheblicher Anstrengungen unsererseits bedürfen, um Umschwung bei Sowjetregierung herbeizuführen."

E. M. Carroll/F. T. Epstein (Hrsg.), Das nationalsozialistische Deutschland und die Sowjetunion 1939–1941, Washington 1948, S. 44 ff.

Nichtangriffspakt zwischen Deutschland und der UdSSR vom 23. August 1939:

87 a „Die deutsche Regierung und die Regierung der Union der Sozialistischen Sowjetrepubliken, geleitet von dem Wunsche, die Sache des Friedens zwischen Deutschland und der UdSSR zu festigen, und ausgehend von den grundlegenden Bestimmungen des Neutralitätsvertrages, der im April 1926 zwischen Deutschland und der UdSSR geschlossen wurde, sind zu nachstehender Vereinbarung gelangt:

Art. I. Die beiden vertragschließenden Teile verpflichten sich, sich jeden Gewaltaktes, jeder aggressiven Handlung und jeden Angriffs gegeneinander, und zwar sowohl einzeln als auch gemeinsam mit anderen Mächten, zu enthalten.

Art. II. Falls einer der vertragschließenden Teile Gegenstand kriegerischer Handlungen seitens einer dritten Macht werden sollte, wird der andere vertragschließende Teil in keiner Form diese dritte Macht unterstützen.

Art. III. Die Regierungen der beiden vertragschließenden Teile werden künftig fortlaufend mit Konsultation in Fühlung miteinander bleiben, um sich gegenseitig über Fragen zu informieren, die ihre gemeinsamen Interessen berühren.

Art. IV. Keiner der beiden vertragschließenden Teile wird sich an irgendeiner Mächtegruppierung beteiligen, die sich mittelbar oder unmittelbar gegen den anderen Teil richtet.

Art. V. Falls Streitigkeiten oder Konflikte zwischen den vertragschließenden Teilen über Fragen dieser oder jener Art entstehen sollten, würden beide Teile diese Streitigkeiten oder Konflikte ausschließlich auf dem Wege freundschaftlichen Meinungsaustausches oder, nötigenfalls, durch Schlichtungskommissionen bereinigen.

Art. VI. Der gegenwärtige Vertrag wird auf die Dauer von zehn

Jahren abgeschlossen mit der Maßgabe, daß, soweit nicht einer der vertragschließenden Teile ein Jahr vor Ablauf dieser Frist kündigt, die Dauer der Wirksamkeit dieses Vertrages automatisch für weitere fünf Jahre als verlängert gilt.
Art. VII. Der gegenwärtige Vertrag soll innerhalb möglichst kurzer Frist ratifiziert werden. Die Ratifizierungsurkunden sollen in Berlin ausgetauscht werden. Der Vertrag tritt sofort mit seiner Unterzeichnung in Kraft."

Geheimes Zusatzprotokoll zum deutsch-sowjetischen Nichtangriffspakt vom 23. August 1939:

87 b „Aus Anlaß der Unterzeichnung des Nichtangriffsvertrages zwischen dem Deutschen Reich und der Union der Sozialistischen Sowjetrepubliken haben die unterzeichneten Bevollmächtigten der beiden Teile in streng vertraulicher Aussprache die Frage der Abgrenzung der beiderseitigen Interessensphären in Osteuropa erörtert. Diese Aussprache hat zu folgendem Ergebnis geführt:
1. Für den Fall einer territorial-politischen Umgestaltung in den zu den baltischen Staaten (Finnland, Estland, Lettland, Litauen) gehörenden Gebieten bildet die nördliche Grenze Litauens zugleich die Grenze der Interessensphären Deutschlands und der UdSSR. Hierbei wird das Interesse Litauens am Wilnaer Gebiet beiderseits anerkannt.
2. Für den Fall einer territorial-politischen Umgestaltung der zum polnischen Staate gehörenden Gebiete werden die Interessensphären Deutschlands und der UdSSR ungefähr durch die Linie der Flüsse Narew, Weichsel und San abgegrenzt.
Die Frage, ob die beiderseitigen Interessen die Erhaltung eines unabhängigen polnischen Staates erwünscht erscheinen lassen und wie dieser Staat abzugrenzen wäre, kann endgültig erst im Laufe der weiteren politischen Entwicklung geklärt werden.
In jedem Falle werden beide Regierungen diese Frage im Wege einer freundschaftlichen Verständigung lösen.
3. Hinsichtlich des Südostens Europas wird von sowjetischer Seite das Interesse an Bessarabien betont. Von deutscher Seite wird das völlige politische Desinteressement an diesen Gebieten erklärt.
4. Dieses Protokoll wird von beiden Seiten streng geheim behandelt werden.
Moskau, den 23. August 1939

Für die	In Vollmacht
Deutsche Reichsregierung:	der Regierung der UdSSR
v. Ribbentrop	W. Molotow"

E. M. Carroll/F. T. Epstein (Hrsg.), Das nationalsozialistische Deutschland und die Sowjetunion 1939–1941, Washington 1948, S. 84 ff.

Beteiligung an der Aufteilung Polens

„Die vierte Teilung Polens... war erfolgt. Die Sowjetunion konnte einen Landgewinn von 200 000 qkm mit fast 13 Millionen Einwohnern für sich buchen. Hiervon waren 7 Millionen Ukrainer, 3 Millionen Weißrussen, über 1 Million Polen und über 1 Million Juden. Die polnischen ‚Ostgebiete', einst im Mittelalter russischer Boden und zum Kiewer Reich gehörend, durch die erste polnische Teilung vom Jahre 1772 bereits von Katharina II. gewonnen und im Zeitalter Alexanders I. ein umstrittener Zankapfel: sie wurden nun aufs neue dem sowjetischen Rußland einverleibt, das sich als ein neuer ‚Sammler der russischen Erde', als Vollstrecker alter russischer nationaler Forderungen, hinstellen konnte." (Georg v. Rauch, Geschichte der Sowjetunion, 1969, S. 329)

Note der UdSSR an Polen vom 17. September 1939:

88 „Der polnisch-deutsche Krieg hat die innere Unhaltbarkeit des polnischen Staates erwiesen. Im Laufe der zehntägigen Operation hat Polen alle seine Industriegebiete und kulturellen Zentren verloren. Warschau als Residenzstadt Polens besteht nicht mehr. Die polnische Regierung ist zerfallen und bekundet keinerlei Lebenszeichen. Das bedeutet, daß der polnische Staat und seine Regierung tatsächlich aufgehört haben zu existieren. Dadurch haben die Verträge ihre Gültigkeit verloren, die zwischen der Sowjetunion und Polen bestanden. Sich selbst überlassen und ohne Führung geblieben, hat sich Polen in ein bequemes Feld für jegliche Zufälle und Überraschung verwandelt, die eine Bedrohung für die Sowjetunion schaffen können. Infolgedessen kann die Sowjetregierung, die bisher neutral war, sich nicht weiter neutral zu diesen Tatsachen verhalten. Die Sowjetregierung kann sich auch nicht gleichgültig dazu verhalten, daß die mit ihr blutsmäßig verwandten Ukrainer und Weißrussen, die auf dem Territorium Polens leben und der Willkür des Schicksals ausgeliefert sind, schutzlos bleiben. Angesichts dieser Sachlage hat die Sowjetregierung das Oberkommando der Roten Armee angewiesen, den Truppen den Befehl zu erteilen, die Grenze zu überschreiten und das Leben und Eigentum der Bevölkerung der westlichen Ukraine und des westlichen Weißrußlands unter ihren Schutz zu nehmen. Gleichzeitig beabsichtigt die Sowjetregierung, alle Maßnahmen zu treffen, um das polnische Volk aus dem unglücklichen Krieg herauszuführen, in den es durch seine unvernünftigen Führer gestürzt wurde, und ihm die Möglichkeit zu geben, ein friedliches Leben wieder aufzunehmen."

Walter Bosshard, Erlebte Weltgeschichte, Zürich 1947, S. 27

Grenz- und Freundschaftsvertrag zwischen der UdSSR und Deutschland vom 28. September 1939:

89 a „Die Deutsche Reichsregierung und die Regierung der UdSSR betrachten es nach dem Auseinanderfallen des bisherigen polnischen Staates ausschließlich als ihre Aufgabe, in diesen Gebieten die Ruhe und Ordnung wieder herzustellen und den dort lebenden Völkerschaften ein ihrer völkischen Eigenart entsprechendes friedliches Dasein zu sichern. Zu diesem Zwecke haben sie sich über folgendes geeinigt:

Artikel 1

Die Deutsche Reichsregierung und die Regierung der UdSSR legen als Grenze der beiderseitigen Reichsinteressen im Gebiete des bisherigen polnischen Staates die Linie fest, die... in einem ergänzenden Protokoll näher beschrieben werden soll.

Artikel 2

Beide Teile erkennen die in Artikel 1 festgelegte Grenze der beiderseitigen Reichsinteressen als endgültig an und werden jegliche Einmischung dritter Mächte in diese Regelung ablehnen.

Artikel 3

Die erforderliche staatliche Neuregelung übernimmt in den Gebieten westlich der in Artikel 1 angegebenen Linie die Deutsche Reichsregierung, in den Gebieten östlich dieser Linie die Regierung der UdSSR.

Artikel 4

Die Deutsche Reichsregierung und die Regierung der UdSSR betrachten die vorstehende Regelung als ein sicheres Fundament für eine fortschreitende Entwicklung der freundschaftlichen Beziehungen zwischen ihren Völkern.

Artikel 5

Dieser Vertrag wird ratifiziert und die Ratifikationsurkunden werden so bald wie möglich in Berlin ausgetauscht werden. Der Vertrag tritt mit seiner Unterzeichnung in Kraft.
Ausgefertigt in doppelter Urschrift, in deutscher und russischer Sprache.

Moskau, den 28. September 1939

von Ribbentrop W. Molotow“

Geheimprotokoll zum Grenz- und Freundschaftsvertrag vom 28. September 1939:

89 b „Die unterzeichneten Bevollmächtigten stellen das Einverständnis der Deutschen Reichsregierung und der Regierung der UdSSR über folgendes fest:
Das am 23. August 1939 unterzeichnete Geheime Zusatzprotokoll wird in seiner Ziffer 1 dahin abgeändert, daß das Gebiet des litauischen Staates in die Interessensphären der UdSSR fällt, während andererseits die Woiwodschaft Lublin und Teile der Woiwodschaft Warschau in die Interessensphären Deutschlands fallen... Sobald die Regierung der UdSSR auf litauischem Gebiet zur Wahrnehmung ihrer Interessen besondere Maßnahmen trifft, wird zum Zwecke einer natürlichen und einfachen Grenzziehung die gegenwärtige deutsch-litauische Grenze dahin rektifiziert, daß das litauische Gebiet, das südwestlich der in der anliegenden Karte eingezeichneten Linie liegt, an Deutschland fällt.
Ferner wird festgestellt, daß die in Geltung befindlichen wirtschaftlichen Abmachungen zwischen Deutschland und Litauen durch die vorstehend erwähnten Maßnahmen der Sowjet-Union nicht beeinträchtigt werden sollen.
Moskau, den 28. September 1939

von Ribbentrop W. Molotow"

„Europa-Archiv", 2. Jg. (1947), S. 1043 f.

Kontakte zu Großbritannien

„Am 29. September wurde der russisch-deutsche Vertrag zur Teilung Polens in aller Form unterzeichnet. Ich war nach wie vor überzeugt, daß der Antagonismus zwischen Rußland und Deutschland tief, nach meiner Ansicht sogar unauslöschlich war und klammerte mich an die Hoffnung, daß die Sowjets durch die Macht der Ereignisse auf unsere Seite gezogen würden. Deshalb überließ ich mich nicht der Entrüstung über ihre brutale, rücksichtslose Politik, die ich selber empfand... In der Beurteilung der Sowjets hatte ich mich niemals Illusionen hingegeben. Ich wußte, daß sie kein moralisches Gesetz anerkannten und ausschließlich auf ihre eigenen Interessen bedacht waren." (Winston S. Churchill, Der Zweite Weltkrieg, Bd. I/2, 1950, S. 59)

Aus einem Bericht über ein Gespräch des Sowjetbotschafters in London, I. M. Majskij, mit dem britischen Marineminister, Winston S. Churchill, am 6. Oktober 1939:

90 „Churchill bedauerte, daß unsere Länder jetzt im Kampf gegen Hitlerdeutschland nicht Seite an Seite stünden. Ich erwiderte, das sei – wie er sehr wohl wisse – nicht unsere Schuld, vielmehr habe das der Premierminister, dessen Regierung er jetzt angehöre, zu verantworten.

‚Ich weiß, ich weiß', warf Churchill schnell ein, ‚doch man sollte Vergangenes ruhen lassen. Das liegt bereits hinter uns...'
Dann fuhr er fort: ‚Jetzt darf man nicht an die Vergangenheit, sondern muß an die Zukunft denken.'
Und nun begann er, mir seine Ansichten darzulegen: Die Divergenzen zwischen England und der UdSSR seien ein bedauerliches Mißverständnis; im Grunde stimmten ihre Interessen derzeit überein. Die UdSSR könne nicht wünschen, daß Hitlerdeutschland noch stärker werde und sich des Baltikums, der Zugänge zum Balkan und zum Schwarzen Meer bemächtige. Das würde im Widerspruch zur Sicherheit des Sowjetlandes und zur ganzen bisherigen Geschichte des Kampfes zwischen Slawen und Teutonen stehen. Doch England und Frankreich könnten es ebensowenig dulden, daß Hitler Rumänien, Jugoslawien und Bulgarien oder gar die Türkei erobere. Demnach hätten die Sowjet-Union, England und Frankreich äußerst wichtige gemeinsame Interessen. Gewiß, jetzt seien infolge der Fehler, die Chamberlain im letzten Sommer gemacht habe, Rußland und der englisch-französische Block entzweit, doch er, Churchill, sei sicher, daß sie sich im weiteren Verlauf des Krieges zusammenfinden und gemeinsam den Kampf gegen Nazideutschland führen würden. Ebendeshalb trete er in jeder Weise der Anstachelung antisowjetischer Leidenschaften in englischen politischen Kreisen entgegen und empfehle den ‚Ministern der Krone', kühlen Kopf zu bewahren und sich vom gesunden Menschenverstand leiten zu lassen... Unter anderem habe er kürzlich einigen seiner Kollegen im Kabinett nachzuweisen versucht, daß England gegen die Schaffung sowjetischer Flottenstützpunkte im Ostseeraum nichts einwenden sollte; diese Stützpunkte seien gegen Deutschland gerichtet und könnten vom Standpunkt der britischen Interessen aus nur nützlich sein.
Meine Lage bei diesem Gespräch war äußerst heikel. Ich war ein Anhänger des deutsch-sowjetischen Paktes, weil ich unter den gegebenen Umständen keinen anderen Ausweg für die UdSSR sah, aber ich hielt ihn für eine bittere Notwendigkeit, die uns durch die verbrecherisch dumme Politik Chamberlains und Daladiers aufgezwungen worden war. Ich glaubte auch nicht, daß die Übereinkunft mit Deutschland von Dauer sein würde. Nach meiner Ansicht mußten wir immer wachsam sein und durften keinesfalls die Möglichkeit ausschließen, daß es zu einem Bruch mit Deutschland und zu einem Bündnis mit England und Frankreich kam. Freilich konnte ich diese Gedankengänge nicht vor Churchill entwickeln. Deshalb hörte ich mir den temperamentvollen Monolog des Marineministers an und antwortete vorsichtig:
‚Ich möchte nicht mutmaßen, was in naher oder ferner Zukunft ge-

7–42621/1

schehen könnte. Die Zeit wird es zeigen. Doch heute bin ich ganz zufrieden, daß die UdSSR die Position einer neutralen Macht bezogen hat und sich folglich aus allen Schrecken des Krieges heraushalten kann.'"

I. M. Maiski, Memoiren eines sowjetischen Botschafters, Berlin[-Ost] 1967, S. 532 ff.

Aggressive Politik gegenüber den Randstaaten

„Die Russen sahen allmählich, auf was sie sich eingelassen hatten. Sie waren durch das stürmische Tempo der deutschen Diplomatie viel schneller in diesen Pakt hineingejagt worden, als sie es gewünscht hatten... Dieser Lage wurde von der Sowjetregierung... auf zweierlei Art entsprochen. Zuerst schritt sie zur schnellen militärischen Besetzung der Hälfte von Polen... Zweitens wurde an die drei baltischen Staaten und Finnland eine Reihe von Forderungen gestellt, welche die Erlaubnis für die Errichtung sowjetischer Stützpunkte und Garnisonen in diesen Ländern verlangten. Die drei Staaten, die keine andere Wahl hatten, von den Deutschen verlassen waren und keinerlei Hoffnung auf alliierte Hilfe sahen, gingen friedfertig auf diese Forderungen ein und ließen die sowjetischen Truppen in ihr Land. Finnland wies die Forderungen zurück; das führte im darauffolgenden Winter zum Krieg zwischen Rußland und Finnland, der gewöhnlich der Winterkrieg genannt wird." (George F. Kennan, Sowjetische Außenpolitik unter Lenin und Stalin, 1961, S. 451 f.)

Sowjetische Interpretation der „Maßnahmen der UdSSR zum Schutz ihrer Grenzen und zur Einschränkung der Sphäre der deutschen Aggression" in den baltischen Staaten im Sommer 1940:

91 „Im Juni 1940 war in Litauen, Lettland und Estland eine revolutionäre Situation herangereift. Nur ein Anlaß war notwendig, damit sich die Volksmassen in Bewegung setzten.

Mit jedem Tag überzeugte sich die Sowjetregierung mehr davon, daß die regierenden faschistischen Cliquen in den baltischen Staaten nicht bereit waren, ihre Verpflichtungen entsprechend den Verträgen über gegenseitigen Beistand mit der UdSSR zu erfüllen. Sie waren jedoch bereit, Hitlertruppen in das Baltikum zu lassen.

Mitte Juni 1940 entlarvte die Sowjetregierung öffentlich die Absichten der Regierenden in den baltischen Ländern. Das Ergebnis war eine starke Aktivierung der Volksmassen dieser Länder. In Litauen, Lettland und Estland begannen viele tausend Meetings und Demonstrationen, deren Teilnehmer die Durchführung demokratischer Reformen und eine enge Zusammenarbeit mit der UdSSR zur Gewährleistung der Sicherheit des Baltikums forderten. In dieser Situation

warf die Sowjetregierung bei den Regierungen Litauens, Lettlands und Estlands die Frage auf, die Personen aus den Regierungen zu entfernen, die zu imperialistischen Agenten geworden waren, und Regierungen zu bilden, die fähig und gewillt wären, eine ehrliche Durchführung der Beistandsverträge zu sichern. Gleichzeitig forderte die UdSSR das Einverständnis, die Zahl der in den baltischen Ländern befindlichen sowjetischen Garnisonen zu erhöhen. Aufgrund der schnell wachsenden Gefahr von seiten Deutschlands, nach der Kapitulation Frankreichs, reichten die vorhandenen Garnisonen schon nicht mehr aus.
Der zunehmende Druck der Volksmassen zwang die Regierungen der baltischen Länder, sich mit diesen Maßnahmen einverstanden zu erklären... Am 14. und 15. Juli 1940 fanden in den baltischen Ländern demokratische Wahlen statt, bei denen die überwiegende Mehrheit der Stimmen für die Interessenvertreter des werktätigen Volkes abgegeben wurde.
Die neugewählten Sejms verliehen der langjährigen Sehnsucht der Völker der baltischen Staaten Ausdruck und verkündeten die Sowjetmacht."

Geschichte der sowjetischen Außenpolitik 1917–1966, 1. Teil (1917–1945), Berlin[-Ost] 1969, S. 443

Auszug aus einem Brief des finnischen Außenministers Väinö Tanner an den finnischen Gesandten in Moskau, Juho Kusti Paasikivi, vom Dezember 1940:

92 „Du kannst dessen sicher sein, daß der Spektakel, den die Sowjetunion in den letzten Monaten inszenierte, hier in Finnland mancherlei unangenehme Gefühle geweckt hat. Es waren gleichsam Nadelstiche, die wegen ihrer Kleinlichkeit dazu beitrugen, eine ununterbrochene Nervenspannung aufrechtzuerhalten. Von einer Großmacht hatte man großzügigeres Auftreten erwartet. Wenn dazu noch eine dauernde Einmischung in rein finnische innere Angelegenheiten kommt, wie letzthin im Zusammenhang mit der Präsidentenwahl, dann erweckt das wachsende Empörung. Es verbessert jedenfalls nicht die Stimmung gegenüber unserem Nachbarn. Gleichzeitig schmäht Radio Petrosawodsk Finnland täglich und malt dessen Zustände in den schwärzesten Farben. Ein offen zutage liegender Nervenkrieg ist im Gange. Wäre die Lage besser, wenn wir vor einem Jahr einen anderen Weg gewählt hätten? Du scheinst zu denken, daß wir einen großen Fehler begingen, als wir mit Stalin kein Abkommen schlossen. Auch ich habe das oftmals gedacht und besonders während unseres Krieges im letzten Winter mir selbst Vorwürfe gemacht, daß ich nicht energischer gegen Helsinki aufgetreten bin, als

wir in Moskau waren. Doch später sind mir Zweifel gekommen, ob diese Einstellung richtig ist, vor allem, wenn ich sehe, wie es den baltischen Ländern trotz ihrer Unterwürfigkeit und Verständigungsbereitschaft ergangen ist. Es scheint offensichtlich das Ziel der Sowjetunion zu sein, alle ehemaligen russischen Gebiete in ihren Besitz zu bekommen, und sie läßt sich dabei durch kein Abkommen stören. Eine erste Nachgiebigkeit hätte andere nach sich ziehen können, und dann wären wir auf der schiefen Ebene gewesen. Wenn das richtig ist, fragt man sich unwillkürlich, welches Vorgehen jetzt am besten wäre: Verständigung auch auf Kosten der Ehre oder eine festere Haltung? Ich weiß, daß Du unsere Lage so beurteilst, daß Nachgeben die einzige Rettung ist. So hat man auch hier bisher gedacht und ist besonders, wenn es sich um Geld und Waren handelte, vor dem Nachgeben nicht zurückgeschreckt. Aber hilft das immer, und wohin führt das? Schon jetzt hat man hier ein peinliches Gefühl, und je größer die Einmischung in rein finnische Angelegenheiten wird, desto eher kann die Stimmung gänzlich umschlagen ..."

Juho Kusti Paasikivi, Meine Moskauer Mission 1939–1941, Hamburg 1966, S. 398 f.

Verhandlungen über Interessensphären in Berlin

„Die Sowjetunion befand sich im Herbst 1940 in einer Situation, die bis zu einem gewissen Grade der des Sommers 1939 ähnelte. Mehr noch als damals hatte es ... den Anschein, als befinde sich Stalin in der Rolle des allseits Umworbenen ...
Das Ziel Stalins in dieser günstigen, von ihm aber wohl zu günstig bewerteten weltpolitischen Konstellation war es, sich nicht in die Alternative einer Option für die „Dreierpaktmächte" oder die Angelsachsen drängen zu lassen, sondern in jeweils zweiseitigen Verhandlungen mit den einzelnen Staaten zunächst ihre Konzessionsbereitschaft zu sondieren und dann die eigenen Forderungen im Sinne des Ausbaus und der Erweiterung der strategischen Sicherungen, die ihm mit der Fortdauer und räumlichen wie militärtechnischen Ausweitung des europäischen Kriegs im Interesse der Wahrung und Stärkung der unabhängigen Position der Sowjetunion notwendig schienen, zu präsentieren." (Andreas Hillgruber, Hitlers Strategie, 1965, S. 300)

Aus der Aufzeichnung des Gesandten Paul Schmidt über die Unterredung zwischen dem deutschen Reichskanzler Adolf Hitler und dem Volkskommissar für Auswärtige Angelegenheiten, V. M. Molotov, am 12. November 1940:

93 „Im weiteren Verlauf der Besprechung richtete der Führer an Molotow die Frage, wie sich Rußland die Sicherung seiner Interessen im Schwarzen Meer und in den Meerengen vorstelle.

Deutschland würde jederzeit bereit sein, von sich aus eine Verbesserung des Meerengenregimes für Rußland mit durchsetzen zu helfen. Molotow erwiderte, daß die Erklärungen des Führers allgemeiner Natur gewesen seien und er im allgemeinen diesen Gedankengängen zustimmen könne. Er sei auch seinerseits der Ansicht, daß es im Interesse Deutschlands und der Sowjetunion läge, wenn beide Länder zusammenarbeiteten und nicht gegeneinander kämpften. Bei der Abreise aus Moskau habe ihm Stalin genaue Weisungen erteilt und alles, was er in der Folge mitteilen würde, sei mit der Ansicht Stalins identisch. Er stimme der Meinung des Führers zu, daß beide Partner an dem deutsch-russischen Abkommen erhebliche Vorteile davongetragen hätten. Deutschland hätte ein sicheres Hinterland erhalten, das, wie allgemein bekannt sei, von großer Bedeutung für den weiteren Verlauf der Ereignisse während des Kriegsjahres gewesen wäre. Deutschland hätte auch in Polen erhebliche wirtschaftliche Vorteile erhalten. Durch den Austausch Litauens gegen die Wojewodschaft Lublin seien alle möglichen Reibungen zwischen Rußland und Deutschland vermieden worden. Das deutsch-russische Abkommen vom vorigen Jahre könne daher bis auf einen Punkt, nämlich Finnland, als erfüllt angesehen werden. Die Finnlandfrage sei noch ungelöst... Nach Ansicht der Sowjetregierung stelle das deutsch-russische Abkommen vom vorigen Jahr nur eine Teillösung war. Inzwischen seien andere Fragen herangereift, die ebenfalls gelöst werden müßten.

Anschließend kam Molotow auf die Bedeutung des Dreimächtepaktes zu sprechen. Was bedeute die Neuordnung in Europa und in Asien und in welcher Weise würde hier die U.d.S.S.R. mit eingeschaltet? Diese Fragen müßten während der Berliner Gespräche und während des in Aussicht genommenen Besuches des RAM's in Moskau, mit dem die Russen bestimmt rechneten, besprochen werden. Außerdem seien Fragen bezüglich der russischen Balkan- und Schwarzmeerinteressen hinsichtlich Bulgariens, Rumäniens und der Türkei zu klären. Es würde für die Russische Regierung leichter sein, konkret zu den vom Führer aufgeworfenen Fragen Stellung zu nehmen, wenn sie die soeben erbetenen Erläuterungen erhalten könnte. Sie interessiere sich für die Neuordnung in Europa und außerdem besonders auch für das Tempo und die Form dieser Neuordnung. Auch würde sie gern eine Vorstellung über die Abgrenzung des sogenannten großostasiatischen Raumes haben...

Berlin, den 16. November 1940

(gez.) Schmidt"

E. M. Carroll/F. T. Epstein (Hrsg.), Das nationalsozialistische Deutschland und die Sowjetunion 1939–1941, Washington 1948, S. 263 f.

Warnungen vor dem deutschen Überfall

„Abgesehen von Hitlers eigenen Maßnahmen, aus denen Stalin das Kommende hätte ersehen müssen, war der Kreml auch von Churchill und Roosevelt vor den deutschen Vorbereitungen für einen Angriff auf die UdSSR gewarnt worden." (John L. Snell, Illusionen und Realpolitik, 1966, S. 77)

Bericht über eine Unterredung des Staatssekretärs im Foreign Office, Sir Alexander Cadogan, mit dem Sowjetbotschafter in London, I. M. Maiskij, am 10. Juni 1941:

94 „Am 10. Juni bat mich der Ständige Stellvertreter des Außenministers, A. Cadogan, zu sich und sagte, als ich sein Kabinett betrat:

‚Ich habe Ihnen im Auftrage der Regierung Seiner Majestät eine wichtige Mitteilung zu machen. Nehmen Sie sich bitte Papier und notieren Sie das, was ich Ihnen sage.'

Ich kam seinem Ersuchen nach, und Cadogan begann zu diktieren, den Blick auf irgendwelche vor ihm ausgebreiteten Schriftstücke gerichtet:

‚Dann und dann haben zwei deutsche motorisierte Divisionen die und die Ortschaft in Richtung auf Ihre Grenze passiert... Dann und dann wurden sechs deutsche Divisionen an dem und dem Ort in der Nähe Ihrer Grenze konzentriert... Im Monat Mai sind durch die und die Ortschaft täglich zwanzig bis dreißig Militärtransportzüge Richtung Grenze gefahren... Dann und dann wurden in dem und dem an die Sowjetunion grenzenden Bezirk soundso viel deutsche Truppen und Flugzeuge festgestellt... Dann und dann wurde die Umsiedlung der gesamten Bevölkerung aus dem und dem Grenzbezirk abgeschlossen...' Cadogan sprach mit monotoner Stimme, nannte immer neue Ortschaften und Truppenteile. Ich notierte fast mechanisch. Vor meinem geistigen Auge zogen nazistische Truppen, riesige Massen nazistischer Truppen vorüber..., die unaufhaltsam nach Osten rollten, immer weiter nach Osten...

Endlich war ich mit dem Notieren fertig. Cadogan erhob sich und gab damit zu verstehen, daß er die ihm übertragene Aufgabe erfüllt habe.

‚Der Premierminister läßt Sie bitten', fügte er hinzu, ‚alle diese Informationen dringend der Sowjetunion mitzuteilen.'

Gleich nach der Rückkehr in die Botschaft schickte ich ein chiffriertes Blitztelegramm mit allen von Cadogan erhaltenen Informationen nach Moskau und wartete auf das Ergebnis."

I. M. Maiski, Memoiren eines sowjetischen Botschafters, Berlin[-Ost] 1967, S. 631

Aus einer Erklärung der amtlichen Nachrichtenagentur TASS vom 14. Juni 1941:

95 „Noch vor der Ankunft des britischen Botschafters in der UdSSR, Herrn Cripps, in London, besonders aber nach seiner Ankunft, wurden in der englischen und überhaupt ausländischen Presse Gerüchte von einem ‚nahe bevorstehenden Krieg zwischen der UdSSR und Deutschland' hochgespielt... Trotz der offensichtlichen Absurdität dieser Gerüchte erachten es verantwortliche Kreise für notwendig, TASS in Anbetracht der Hartnäckigkeit dieser Behauptungen zu der Erklärung zu ermächtigen, daß diese Gerüchte eine plump zusammengebraute Propaganda von der UdSSR und Deutschland feindlichen Kräften sind... TASS erklärt, daß Deutschland die Bedingungen des sowjetisch-deutschen Nichtangriffspaktes ebenso unverbrüchlich einhält wie die Sowjetunion; infolgedessen entbehren die Gerüchte über die Absicht Deutschlands, den Pakt zu brechen und die UdSSR zu überfallen, nach Meinung sowjetischer Kreise jeglicher Grundlage. Die in der letzten Zeit erfolgte Verlagerung der nach den Operationen auf dem Balkan frei gewordenen Truppen in die östlichen und nordöstlichen Bezirke Deutschlands dürfte mit anderen Motiven zusammenhängen, die mit den sowjetisch-deutschen Beziehungen nichts zu tun haben."

I. M. Maiski, Memoiren eines sowjetischen Botschafters, Berlin[-Ost] 1967, S. 632

Hilfe von Großbritannien

„Churchill hatte die Vorteile, die Großbritannien durch eine Zusammenarbeit mit der UdSSR gewann, erkannt, noch bevor Hitlers Divisionen mit Stalins Heer im Kampf verstrickt waren. Dieser Feldzug bedeutete die sofortige Rettung Englands und neue Hoffnung auf eine endgültige Vernichtung des nationalsozialistischen Deutschland." (John L. Snell, Illusionen und Realpolitik, 1966, S. 111)

Vereinbarung über gegenseitige Hilfeleistung zwischen der UdSSR und Großbritannien vom 12. Juli 1941:

96 „Art. 1. Die beiden Regierungen verpflichten sich, einander Beistand und Hilfe jeglicher Art in dem gegenwärtigen Krieg gegen Hitlerdeutschland zu leisten.

Art. 2. Ferner verpflichten sie sich, während dieses Krieges über einen Waffenstillstand oder Friedensvertrag weder zu verhandeln noch einen Waffenstillstand oder Friedensvertrag abzuschließen, es sei denn durch gegenseitige Vereinbarung."

Handbuch der Verträge 1871–1964, Berlin[-Ost] 1968, S. 318

Arrangement mit der polnischen Exilregierung

„In London hatte sich eine polnische Exilregierung konstituiert. Als die Sowjetregierung in den ersten Kriegstagen den Ribbentrop-Pakt vom August 1939 für null und nichtig erklärte, faßte der Chef dieser Exilregierung, General Sikorski, diese Erklärung als eine sowjetische Bereitschaft auf, die ostpolnischen Gebiete zurückzugeben. Das hatte man allerdings im Kreml nicht gemeint. Als Stalin Sikorski Verhandlungen vorschlug, lehnte dieser es ab, über Fragen der Grenzziehung zu diskutieren. Immerhin schloß die Sowjetregierung... mit der polnischen Exilregierung... ein Abkommen, das gegenseitige Hilfe im Kampf und die Aufstellung nationaler Truppenteile auf sowjetischem Boden vorsah. Aber eine wirklich verständnisvolle Zusammenarbeit zwischen Sowjetrussen und Polen wurde immer schwieriger..." (Georg v. Rauch, Geschichte der Sowjetunion, 1969, S. 391 f.)

Wortlaut des polnisch-sowjetischen Abkommens vom 30. Juli 1941:

97 „1. Die Regierung der UdSSR anerkennt, daß die sowjetisch-deutschen Verträge von 1939 bezüglich der territorialen Veränderungen in Polen ihre Gültigkeit verloren haben. Die Regierung der Republik Polen erklärt, daß Polen durch keinen Vertrag mit einem dritten gegen die UdSSR gerichteten Staat gebunden ist.

2. Diplomatische Beziehungen werden zwischen den beiden Regierungen nach der Unterzeichnung dieses Abkommens wiederhergestellt werden, und der Austausch von Botschaftern wird unmittelbar darauf folgen.

3. Die beiden Regierungen beschließen, sich gegenseitig Hilfe und Unterstützung jeder Art in dem augenblicklichen Krieg gegen Hitler-Deutschland zu gewähren.

4. Die Regierung der UdSSR bringt ihre Einwilligung zur Bildung einer polnischen Armee unter einem von der polnischen Regierung zu ernennenden Befehlshaber auf dem Gebiet der UdSSR in Übereinstimmung mit der Sowjetregierung zum Ausdruck..."

Der Sowjetkommunismus. Dokumente, Bd. 2, Köln/Berlin 1964, S. 597 f.

„Anti-Hitler-Koalition" mit den Westmächten

„Die Koordination in der Koalition der ‚Großen Drei' war schon 1941 unvollkommen, und so sollte es auch bleiben. Den ganzen Krieg hindurch bestanden zwischen London und Washington wesentlich engere Bindungen als zwischen diesen beiden Hauptstädten und Moskau. Das Jahr 1941 brachte wohl die Hoffnung, daß die Ost-West-Spannungen überwunden werden könnten, aber auch die Gewißheit, daß sie noch andauerten... London und Washington waren nicht bereit, alle sowjetischen Bedingungen zu akzeptieren, hatten aber Angst, die Koalition zu sprengen, falls sie sie zurückwiesen; sie machten sich daher eine ‚Verzögerungspolitik' zu eigen und erörterten dementsprechend bei öffentlichen Debatten eher allgemeine Grundsätze als bestimmte Einzelheiten.“ (John L. Snell, Illusionen und Realpolitik, 1966, S. 112 f.)

Aus einer persönlichen Botschaft des Vorsitzenden des Rates der Volkskommissare, I. V. Stalin, an den britischen Premierminister, Winston S. Churchill, vom 8. November 1941:

98 „Ihre Botschaft erhielt ich am 7. November.

1. Ich stimme mit Ihnen darin überein, daß in den Beziehungen zwischen der UdSSR und Großbritannien Klarheit geschaffen werden muß, die gegenwärtig nicht besteht. Diese Unklarheit liegt in folgenden zwei Umständen begründet: 1. Es gibt keine bestimmte Vereinbarung zwischen unseren Ländern über die Kriegsziele und über die Pläne der Friedensregelung nach dem Kriege; 2. es besteht kein Vertrag zwischen der UdSSR und Großbritannien über gegenseitigen militärischen Beistand gegen Hitler in Europa. Solange es in diesen zwei Hauptfragen keine Abmachungen gibt, wird es in den englisch-sowjetischen Beziehungen nicht nur keine Klarheit geben, sondern es wird, um ganz offen zu sprechen, auch das gegenseitige Vertrauen fehlen. Natürlich hat die bestehende Vereinbarung über Kriegslieferungen an die Sowjet-Union eine große positive Bedeutung, aber damit ist das Problem nicht gelöst und die Frage der Beziehungen zwischen unseren Ländern bei weitem nicht erschöpft.“

Briefwechsel Stalins mit Churchill, Attlee, Roosevelt und Truman 1941–1945, Berlin[-Ost] 1961, S. 41

Bericht des Londoner Sowjetbotschafters, I. M. Maiskij, vom Besuch des britischen Außenministers Anthony Eden in Moskau im Dezember 1941:

99 „Die Verhandlungen begannen am 16. Dezember, einen Tag nach der Ankunft Edens in Moskau... Vor Sitzungsbeginn zog Stalin den Entwurf unserer Vorschläge aus der Tasche und fragte mich: ‚Was meinen Sie, werden die Engländer das annehmen?‘

Ich überflog rasch mehrere maschinegeschriebene Seiten. Es waren die Entwürfe für zwei Verträge, die die UdSSR mit England schließen wollte. Beim ersten Entwurf handelte es sich um einen Vertrag über gegenseitigen Beistand zwischen den beiden Staaten für die Kriegs- und Nachkriegszeit; er sollte an die Stelle des Beistandspaktes vom 12. Juli 1941 treten, der nur für die Dauer des Krieges galt. Bei dem zweiten Vertrag ging es um die Nachkriegsordnung in der Welt. Im wesentlichen waren darin die Wiederherstellung Jugoslawiens, Österreichs, der Tschechoslowakei und Griechenlands in ihren Vorkriegsgrenzen sowie die Übergabe Ostpreußens an Polen und die Abtrennung des Rheingebietes von Preußen vorgesehen. Im Vertrag wurden ferner der UdSSR die Grenzen von 1941 (das heißt un-

ter Einbeziehung Estlands, Lettlands, Litauens, der Westukraine und Westbelorußlands) zuerkannt und England das Recht zugestanden, in Frankreich, Belgien, Holland, Dänemark und Norwegen die für seine Sicherheit erforderlichen Stützpunkte zu besitzen.
Nach dem Einblick in die Dokumente antwortete ich Stalin: ‚Ich glaube, daß diese Entwürfe als Grundlage für die Verhandlungen mit den Engländern dienen können. Wahrscheinlich wird es ihrerseits Einwände und Abänderungen zu einigen Punkten geben, doch eine Verständigung über das Abkommen dürfte nicht besonders schwer sein.‘
... Als nach einer Pause die zweite Sitzung begann, holte Stalin ein kleines Blatt Papier aus der Tasche und sagte zu Eden: ‚Ich nehme an, daß Sie nichts dagegen haben, wenn wir unserem Abkommen über die Nachkriegsregelung ein kleines Protokoll beifügen.‘
Ich überflog rasch das auf den Tisch gelegte Dokument. Es war kurz und sah die sofortige Anerkennung der sowjetischen Grenzen von 1941 durch England vor.
Mir war bekannt, daß die Engländer nicht geneigt waren, vor Beendigung des Krieges irgendwelche Beschlüsse über künftige Grenzen zu fassen. Läge es nur an den Engländern, so hatte man hoffen können, sie irgendwie zu überzeugen. Schlimmer war, daß Roosevelt den Engländern das feste Versprechen abgenommen hatte, in dieser Hinsicht nichts ohne vorherige Rücksprache mit den USA zu tun. Die Amerikaner aber erkannten damals die sowjetischen Grenzen von 1941 nicht an, insbesondere nicht den Eintritt der baltischen Staaten in den Verband der UdSSR.
Nachdem Eden sich mit dem Inhalt des Protokolls vertraut gemacht hatte, sagte er sogleich, die britische Regierung könne dies jetzt nicht unterzeichnen; er begründete seine Position ausführlich, wobei er insbesondere auf die Einstellung der USA zur Frage der Grenzen hinwies.
Stalin gab aber nicht auf und versuchte den britischen Außenminister umzustimmen, doch vergeblich. Diese Haltung beeinträchtigte die Atmosphäre der Verhandlungen, und beide Seiten gingen nach der zweiten Sitzung verstimmt auseinander...
Nach der dritten Begegnung wurde klar, daß in Moskau kein Abkommen zwischen den beiden Staaten zustande kommen würde, doch es war weder für die Sowjetunion noch für England sinnvoll, vor Hitler und Mussolini Meinungsverschiedenheiten zu offenbaren. Es wurde daher beschlossen, über den Edenbesuch ein Kommuniqué zu veröffentlichen, das dem Gegner kein Vergnügen bereiten sollte...“

I. M. Maiski, Memoiren eines sowjetischen Botschafters, Berlin[-Ost] 1967, S. 700 ff.

Aus einem Bericht des britischen Außenministers Anthony Eden an Premierminister Winston S. Churchill über seine Verhandlungen in Moskau im Dezember 1941 vom 5. Januar 1942:

100 „In meiner ersten Unterredung mit Stalin und Molotow am 16. Dezember ließ sich Stalin mit einiger Ausführlichkeit über die von ihm als richtig betrachteten Nachkriegsgrenzen in Europa aus, sowie über die Behandlung, die Deutschland widerfahren solle. Er schlägt die Wiederherstellung Österreichs als unabhängigen Staat vor, die Loslösung des Rheinlandes von Preußen als unabhängigen Staat oder als Protektorat und eventuell die Bildung eines selbständigen Bayerns. Ostpreußen soll an Polen abgetreten und das Sudetenland an die Tschechoslowakei zurückgegeben werden. Ebenso ist er für die Wiederherstellung Jugoslawiens, das sogar bestimmte italienische Gebiete erhalten könnte, die Wiederherstellung Albaniens als unabhängigen Staat, Zuweisung des Dodekanes an die Türkei und eventuelle Kompensation Griechenlands durch für dieses wichtige Inseln in der Ägäis. Der Türkei könnten gewisse bulgarische Gebiete, eventuell auch nordsyrische gegeben werden. Die besetzten Länder, einschließlich der Tschechoslowakei und Griechenlands, sind im allgemeinen in ihrem Vorkriegsbestand wiederherzustellen. Stalin sei bereit, das Vereinigte Königreich zu unterstützen, falls es in westeuropäischen Ländern – das heißt Frankreich, Belgien, Holland, Norwegen und Dänemark – durch besondere Abkommen Stützpunkte errichten wolle. Hinsichtlich der eigenen Interessen der Sowjetunion wünscht Stalin in bezug auf die baltischen Staaten, Finnland und Bessarabien die Wiederherstellung der Lage von 1941 vorgängig dem deutschen Angriff. Die ‚Curzon-Linie' bilde eine geeignete Grundlage für die künftige russisch-polnische Grenze; Rumänien solle der Sowjetunion die Errichtung von Stützpunkten erleichtern und dafür durch jetzt zu Ungarn gehörende Gebiete entschädigt werden...

In der zweiten Unterredung vom 17. Dezember verlangte Stalin, die Regierung Seiner Majestät solle unverzüglich die künftigen Grenzen der UdSSR – insbesondere den Einschluß der baltischen Länder in den sowjetischen Staatenverband und die Wiederherstellung der finnisch-sowjetischen Grenze von 1941 – anerkennen. Davon machte er den Abschluß jedes englisch-sowjetischen Abkommens abhängig. Meinerseits erklärte ich Stalin, im gegenwärtigen Moment sei es der Regierung Seiner Majestät unmöglich, sich auf irgendwelche Nachkriegsgrenzen in Europa festzulegen..."

Winston S. Churchill, Der Zweite Weltkrieg, Bd. III/2, Stuttgart-Hamburg 1951, S. 294 f.

Aus dem Bündnisvertrag zwischen der UdSSR und Großbritannien vom 26. Mai 1942:

101 „Seine Majestät der König von Großbritannien, Irland und den Britischen Dominien in Übersee und Kaiser von Indien und das Präsidium des Obersten Rates der Union der Sozialistischen Sowjetrepubliken beschlossen in dem Wunsche, die Abmachungen des am 12. Juli 1941 in Moskau unterzeichneten Übereinkommens zwischen Seiner Majestät Regierung des Vereinigten Königreiches und der Regierung der Union der Sozialistischen Sowjetrepubliken über ein gemeinsames Vorgehen in dem Kriege gegen Deutschland zu bestätigen und sie durch einen formellen Vertrag zu ersetzen..., zu diesem Zweck einen Vertrag zu schließen...

Teil I

Art. I. Kraft des zwischen dem Vereinigten Königreich und der Union der Sozialistischen Sowjetrepubliken geschlossenen Bündnisses verpflichten sich die beiden Hohen Vertragschließenden Teile wechselseitig, einander militärische und sonstige Hilfe und Unterstützung aller Art im Kriege gegen Deutschland und alle jene Staaten zu leisten, die mit ihm bei seinen Angriffsakten in Europa verbündet sind.
Art. II. Die Hohen Vertragschließenden Teile verpflichten sich, in keinerlei Verhandlungen mit der Hitler-Regierung oder irgendeiner anderen Regierung in Deutschland einzutreten, die nicht klar auf alle aggressiven Absichten verzichtet, und über keinen Waffenstillstand oder Friedensvertrag mit Deutschland oder irgendeinem anderen mit ihm bei den Angriffsakten in Europa verbündeten Staat zu verhandeln oder einen solchen abzuschließen, es sei denn mit gegenseitiger Zustimmung...

Teil II

Art. III. 1. Die Hohen Vertragschließenden Teile sprechen ihren Wunsch aus, sich mit anderen gleichgesinnten Staaten bei der Annahme von Plänen für ein gemeinsames Vorgehen zur Erhaltung des Friedens und zur Abwehr von Angriffen in der Nachkriegszeit zu vereinigen...
Art. V. Die Hohen Vertragschließenden Teile kommen im Hinblick auf das beiderseitige Interesse an Sicherheit überein, nach der Wiederherstellung des Friedens bei der Organisation von Sicherheit und wirtschaftlichem Wohlstand in Europa eng und freundschaftlich zusammenzuarbeiten. Sie werden die Interessen der Vereinten Nationen in diesen Dingen berücksichtigen und gemäß den beiden Grundsätzen handeln, daß sie keine territoriale Vergrößerung für sich

selbst erstreben und sich nicht in innerstaatliche Angelegenheiten anderer Staaten einmischen wollen ..."

Handbuch der Verträge 1871–1964, Berlin[-Ost] 1968, S. 321 ff.

Aus dem Abkommen über die Prinzipien der gegenseitigen Hilfeleistung zwischen der UdSSR und den USA vom 11. Juni 1942:

102 „Davon ausgehend, daß die Regierungen der Union der Sozialistischen Sowjetrepubliken und der Vereinigten Staaten von Amerika erklären, daß sie zusammen mit allen Staaten und Völkern, die ihre Ansichten teilen, ein gemeinsames Werk unternehmen, das zum Ziele hat, die Grundlagen für einen gerechten und dauerhaften Frieden zu schaffen, der die Gewähr für eine gesetzliche Ordnung für sie selbst und für alle übrigen Völker bieten wird, ... haben die von ihren Regierungen mit den nötigen Vollmachten versehenen Unterzeichneten folgendes vereinbart:

Art. 1. Die Regierung der Vereinigten Staaten wird der Regierung der UdSSR weiterhin das Verteidigungsmaterial liefern und die Verteidigungsdienste und Verteidigungsinformationen zur Verfügung stellen, die zu liefern oder zu gewähren der Präsident der Vereinigten Staaten genehmigt.

Art. 2. Die Regierung der UdSSR wird weiterhin zur Verteidigung der Vereinigten Staaten und zu deren Stärkung beitragen und den Vereinigten Staaten nach Maßgabe der vorhandenen Möglichkeiten Material, Dienstleistungen, Anlagen und Informationen gewähren ...

Art. 5. Sobald der gegenwärtige Notstand aufgehört hat, wird die Regierung der UdSSR entsprechend der Bestimmung durch den Präsidenten der Vereinigten Staaten das gemäß dem vorliegenden Abkommen erhaltene Verteidigungsmaterial zurückerstatten, das nicht vernichtet, verloren oder verbraucht ist und das, laut Angaben des Präsidenten zur Verteidigung der Vereinigten Staaten oder der westlichen Hemisphäre dienen oder sonstwie den Vereinigten Staaten von Amerika von Nutzen sein könnte ...

Art. 7. Bei der endgültigen Festlegung der Vergünstigungen, die den Vereinigten Staaten von der Regierung der UdSSR als Gegenleistung für die gemäß der Kongreßakte vom 11. März 1941 geleistete Unterstützung gewährt werden, sollen die Bedingungen dieser Vergünstigungen so festgesetzt werden, daß sie den Handel zwischen beiden Ländern nicht belasten, sondern zur Herstellung vorteilhafter gegenseitiger Wirtschaftsbeziehungen zwischen ihnen und zur Hebung der Weltwirtschaftsbeziehungen beitragen ..."

Handbuch der Verträge 1871–1964, Berlin[-Ost] 1968, S. 323 ff.

Bruch mit der polnischen Exilregierung

„Eine der schwersten Belastungen des polnisch-sowjetischen Verhältnisses stellte das Schicksal der 14500 polnischen Internierten dar, die im September 1939 in sowjetische Hände geraten waren... Bis zum Frühjahr 1940 waren ab und zu noch Nachrichten von ihnen eingelaufen, dann senkte sich ein undurchdringliches Schweigen über die drei Lager und ihre Insassen. Nach dem 22. Juni 1941 verlangte die polnische Regierung wiederholt von der Sowjetregierung Aufklärung über das Schicksal der Internierten... Sie erhielt keine konkrete Antwort... Im Frühjahr 1943 ging die sensationelle Nachricht um die Welt, die Deutschen hätten in Katyn in der Nähe von Smolensk ein Massengrab polnischer Offiziere gefunden... Eine Untersuchung unter Hinzuziehung von internationalen und neutralen Experten ergab die Feststellung, daß die Exekutionen schon im Frühjahr 1940 stattgefunden hatten, als das Gebiet noch unter sowjetischer Kontrolle stand.“ (Georg v. Rauch, Geschichte der Sowjetunion, 1969, S. 392 f.)

Aus dem Wortlaut der Note der UdSSR über den Abbruch der diplomatischen Beziehungen vom 25. April 1943:

103 „Die Sowjetregierung betrachtet die kürzlich gezeigte Haltung der polnischen Regierung der UdSSR gegenüber als völlig abnorm und alle Regeln und Normen der zwischen zwei Alliierten bestehenden Beziehungen verletzend. Die verleumderische, der Sowjetunion feindlich gesinnte, von den deutschen Faschisten im Zusammenhang mit der Ermordung der polnischen Offiziere gestartete Kampagne, die sie selbst im Gebiet von Smolensk auf dem von deutschen Truppen besetzten Gebiete ermordet haben, wurde von der polnischen Regierung sofort aufgenommen, und wird auf jede Weise von der polnischen amtlichen Presse verbreitet...
Die Sowjetregierung ist sich dessen bewußt, daß diese feindselige Kampagne gegen die Sowjetunion von der polnischen Regierung unternommen worden ist, um auf die Sowjetregierung durch Anwendung des verleumderischen Betrugs einen Druck auszuüben, um von ihr territoriale Zugeständnisse auf Kosten der Interessen der Sowjet-Ukraine, Sowjet-Weißrußlands und Sowjet-Litauens zu erpressen.
Alle diese Umstände zwingen die Sowjetregierung zu der Feststellung, daß die augenblickliche Regierung von Polen auf den Weg der Verständigung mit der Hitlerregierung abgeglitten ist und somit tatsächlich die alliierten Beziehungen zu der UdSSR unterbrochen und eine feindselige Haltung der Sowjetunion gegenüber eingenommen hat. Auf Grund des Obigen hat die Sowjetregierung beschlossen, die Beziehungen zur polnischen Regierung abzubrechen.“

Der Sowjetkommunismus. Dokumente, Bd. 2, Köln/Berlin 1964, S. 598

Auflösung der Komintern

„Im übrigen verstand sich Stalin meisterhaft auf eine expansionistische Klassenkampfpolitik. Zwar ließ er am 15. Mai 1943 zur Beschwichtigung der westlichen Kriegsalliierten die Kommunistische Internationale auflösen; doch war dieses Instrument in seinen Augen sowieso überflüssig geworden, da er die kommunistischen Parteien sehr viel einfacher und besser über die Auslandsabteilung des ZK der KPdSU dirigieren und kontrollieren konnte. Unabhängig davon erzielte die Maßnahme... durchaus die Wirkung, die ihr im Hinblick auf die öffentliche Meinung im Westen zugedacht war. So lautete der entsprechende Kommentar der Agentur Reuter vom 22. Mai 1943: ‚Der Kommunismus wird aufhören, eine internationale Organisation zu sein. In jedem Lande wird die kommunistische Partei eine Landespartei werden.'" (Karl-Heinz Ruffmann, Sowjetunion, 1972, S. 201)

Aus einer Stellungnahme des Vorsitzenden des Rates der Volkskommissare und Generalsekretärs der KPdSU, I. V. Stalin, zur Auflösung der Kommunistischen Internationale in einem Brief an den Moskauer Korrespondenten der britischen Nachrichtenagentur Reuter, King, vom 28. Mai 1943:

104 „...Die Auflösung der Kommunistischen Internationale ist richtig und zeitentsprechend, da sie die Organisierung des gemeinsamen Angriffs aller freiheitliebenden Nationen gegen den gemeinsamen Feind – den Hitlerfaschismus – erleichtert.
Die Auflösung der Kommunistischen Internationale ist richtig, denn:
a) Sie entlarvt die Lüge der Hitlerleute, daß ‚Moskau' angeblich beabsichtige, sich in das Leben anderer Staaten einzumischen und sie zu ‚bolschewisieren'. Dieser Lüge wird nunmehr ein Ende gemacht.
b) Sie entlarvt die Verleumdung seitens der Gegner des Kommunismus in der Arbeiterbewegung, daß die kommunistischen Parteien der verschiedenen Länder angeblich nicht im Interesse ihres eigenen Volkes, sondern auf Befehl von außen handeln. Dieser Verleumdung wird nunmehr ebenfalls ein Ende gemacht.
c) Sie erleichtert die Arbeit der Patrioten der freiheitliebenden Länder zur Vereinigung der progressiven Kräfte ihrer Länder – unabhängig von deren Parteizugehörigkeit und religiöser Überzeugung – zu einem einheitlichen nationalen Freiheitslager zwecks Entfaltung des Kampfes gegen den Faschismus.
d) Sie erleichtert die Arbeit der Patrioten aller Länder zur Vereinigung aller freiheitliebenden Völker zu einem einheitlichen internationalen Lager für den Kampf gegen die Gefahr der Weltherrschaft des Hitlerfaschismus und macht dadurch den Weg frei für die zukünftige Organisierung des Freundschaftsbundes der Völker auf der Grundlage der Gleichberechtigung.

Ich glaube, daß alle diese Umstände zusammengenommen dahin führen werden, daß die Einheitsfront der Verbündeten und der übrigen vereinigten Nationen in ihrem Kampf für den Sieg über die Hitlertyrannei sich weiter festigen wird..."

J. W. Stalin, Über den Großen Vaterländischen Krieg der Sowjetunion, Berlin[-Ost] 1952, S. 120 f.

Sonderfrieden mit Deutschland?

„Aber so gering die Wahrscheinlichkeit auch war, daß Hitler sich 1943/44 mit Moskau einigen würde, so haben doch vermutlich die Erwägungen darüber das Verhältnis der westlichen Politiker zu Stalin... beträchtlich beeinflußt und haben sie bewogen, einige seiner Forderungen anzunehmen und hinsichtlich der restlichen einen offenen Konflikt mit ihm zu vermeiden. Möglicherweise hatte Stalin, der das erkannte, niemals ernstlich einen Separatfrieden mit Hitler erwogen und diese Möglichkeit nur offengelassen, um die Invasion in Frankreich zu beschleunigen und das Gewicht seiner Macht bei Verhandlungen mit den westlichen Alliierten auf diese Weise zu verstärken." (John L. Snell, Illusionen und Realpolitik, 1966, S. 129 f.)

Aus dem Bericht des Leiters der „Zentralstelle Osteuropa" in der „Dienststelle Ribbentrop", Dr. Peter Kleist, über Sonderfriedensbemühungen der UdSSR im Juni 1943:

105 „Meine Zentralstelle Osteuropa... gab mir die Möglichkeit, ohne besondere Genehmigung der zuständigen Reichsministerien im Juni 1943 wiederum über Helsinki nach Stockholm zu reisen...

Schon am Tage nach meiner Ankunft, am 18. Juni, erschien Herr Clauß auf meinem Hotelzimmer.

Auf meine erstaunte Frage, woher er meinen Namen und meine Ankunft erfahren habe, lächelte er augurenhaft und sagte:

‚Das erscheint Ihnen verwunderlich, aber ich habe Ihnen etwas mitzuteilen, was Sie noch viel mehr verwundern wird. Ihr Freund Alexandrow ist eben in Stockholm. Er reist morgen nach London weiter und kommt am 7. Juli hierher zurück, um sich mit Ihnen zu treffen... Selbstverständlich treten Sie nur als Privatmann auf, ebenso wie Alexandrow, der sich rein zufällig mit einem alten Bekannten aus Moskau trifft. Sie werden doch zugeben, daß Ihnen der Leiter der Europa-Abteilung des Narkomindel (des sowjetischen Außenkommissariats) von mehreren Besprechungen her bekannt ist.'

...Ich machte gute Miene zum gefährlichen Spiel, ließ etwas zu Essen und zu Trinken kommen und setzte mich mit meinem Besucher zu einer Sakuska, wie er als Osteuropäer gewohnt war, nieder.

Ich möchte Sie nicht über die Wege und Methoden Ihres Kontaktes

mit den Sowjets befragen, das mag Ihr privates Geheimnis bleiben. Aber ich bin doch neugierig, ob Sie mir die Gründe des Kremls verraten können, jetzt, wo die deutschen Armeen überall zurückweichen, mit einem Verhandlungsangebot an Deutschland heranzutreten. Wenn Sie mir das plausibel machen können, dann wollen wir weitersprechen.'
Die Sowjets sind, sagte Clauß mit großer Bestimmtheit, gewillt, nicht einen Tag, auch nicht eine Minute – ni odnu minutu – länger als notwendig für die Interessen Englands und Amerikas zu kämpfen. Hitler hat sich in seiner ideologischen Verblendung durch die Intrigen der kapitalistischen Mächte in diesen Krieg hetzen lassen, der den Kreml mitten in einer entscheidenden Phase seiner gewaltigen Aufbaupläne gestört hat. Die Sowjetunion kann zwar unter Inanspruchnahme ihrer letzten Ressourcen und mit Hilfe der USA-Lieferungen den deutschen Heeren Widerstand leisten, sie vielleicht sogar in einem mörderischen Kampfe schlagen. Aber über der Leiche des vernichteten Deutschlands wird die erschöpfte, aus vielen Wunden blutende Sowjetunion den blanken, von keinem Hieb abgestumpften Waffen der Westmächte entgegentreten müssen. Bis heute sind die Anglo-Amerikaner mit keiner garantierbaren Erklärung über Kriegsziele, territoriale Abgrenzungen, Friedensgestaltung etc. etc. hervorgetreten ..."

Peter Kleist, Zwischen Hitler und Stalin 1939–1945, Bonn 1950, S. 243 ff.

Friedensziele der „Anti-Hitler-Koalition"

„Im Jahre 1943 und auch noch 1944 hofften Roosevelt und Churchill, eine dauernde Zusammenarbeit mit Stalin erreichen zu können. Die Tatsache, daß Stalin damals eher ein russischer Nationalist als ein Kommunist zu sein schien, ließ es möglich erscheinen, seinen Forderungen mit relativ geringen Opfern nachzukommen ... Jede Seite ordnete ihr Mißtrauen gegen den Partner dem gemeinsamen Anliegen unter ..." (John L. Snell, Illusionen und Realpolitik, 1966, S. 142 f.)

Aus der „Vier-Nationen-Erklärung" der Moskauer Konferenz der Außenminister der UdSSR, der USA und Großbritanniens vom Oktober 1943:

106 „Die Regierungen der Vereinigten Staaten von Amerika, des Vereinigten Königreichs, der Sowjetunion und Chinas
einig in ihrem Entschluß, die Feindseligkeiten in Übereinstimmung mit der Erklärung der Vereinten Nationen vom 1. Januar 1942 und den folgenden Erklärungen gegen jene Achsenmächte weiterzuführen, mit denen sie im Kriege stehen, bis diese Mächte ihre Waffen auf Grund einer bedingungslosen Kapitulation niedergelegt haben;
im Bewußtsein ihrer Verantwortung, sicherzustellen, daß sie selbst

8–42621/1

und die mit ihnen verbündeten Völker von der Bedrohung durch Aggressionen befreit werden;
in der Erkenntnis der Notwendigkeit, einen schnellen und ruhigen Übergang vom Kriege zum Frieden sicherzustellen und den internationalen Frieden und die internationale Sicherheit mit der geringstmöglichen Preisgabe von Menschen und Produktionsmitteln für Rüstungen zu schaffen und zu erhalten;
erklären gemeinsam:
1. Daß ihr mit der Verpflichtung zur Führung des Krieges gegen ihre Feinde eingegangenes Zusammenwirken zum Zwecke der Herbeiführung und Erhaltung von Frieden und Sicherheit fortgeführt werden wird;
2. daß alle am Kriege gegen einen gemeinsamen Feind Beteiligten in allen Angelegenheiten, die sich auf die Kapitulation und Entwaffnung jenes Feindes beziehen, zusammenhandeln werden;
3. daß sie alle Maßnahmen ergreifen werden, die sie für notwendig halten, um Vorsorge gegen jede Verletzung der dem Feinde auferlegten Bedingungen zu treffen;
4. daß sie die Notwendigkeit anerkennen, zum frühestmöglichen Zeitpunkt eine allgemeine internationale Organisation zur Erhaltung des internationalen Friedens und der internationalen Sicherheit zu schaffen...
6. daß sie nach Beendigung der Feindseligkeiten ihre militärischen Streitkräfte nicht innerhalb der Gebiete anderer Staaten einsetzen werden, es sei denn für die in dieser Erklärung vorgesehenen Zwecke und nach gemeinsamer Beratung..."

Handbuch der Verträge 1871–1964, Berlin[-Ost] 1968, S. 327 f.

Der Vorsitzende des Rates der Volkskommissare und Generalsekretär der KPdSU, I. V. Stalin, über die Zielsetzung der „Anti-Hitler-Koalition" in einer Rede in Moskau am 6. November 1943:

107 „Der Sieg der verbündeten Länder über Hitlerdeutschland wird die wichtigen Fragen der Organisierung und Wiederherstellung des staatlichen, wirtschaftlichen und kulturellen Lebens der europäischen Völker auf die Tagesordnung stellen. Die Politik unserer Regierung in diesen Fragen bleibt unverändert. Gemeinsam mit unseren Verbündeten müssen wir:
1. die Völker Europas von den faschistischen Okkupanten befreien und ihnen helfen, ihre von den faschistischen Unterdrückern zerstückelten nationalen Staaten wiederherzustellen: die Völker Frankreichs, Belgiens, Jugoslawiens, der Tschechoslowakei, Polens, Griechenlands und der anderen Staaten, die sich unter dem deutschen Joch befinden, müssen wieder frei und selbständig werden;

2. den befreiten Völkern Europas das volle Recht und die Freiheit einräumen, selbst die Frage ihrer staatlichen Ordnung zu entscheiden;
3. Maßnahmen ergreifen, damit alle faschistischen Verbrecher, die an diesem Krieg und an den Leiden der Völker schuld sind, in welchem Lande sie sich auch verbergen mögen, alle von ihnen begangenen Verbrechen mit harter Strafe sühnen;
4. eine Ordnung in Europa aufrichten, die die Möglichkeit einer neuen Aggression von seiten Deutschlands völlig ausschließt;
5. eine dauerhafte wirtschaftliche, politische und kulturelle Zusammenarbeit der Völker Europas herstellen, begründet auf gegenseitigem Vertrauen und gegenseitiger Hilfe, um die von den Deutschen zerstörte Wirtschaft und Kultur wiederaufzubauen."

J. W. Stalin, Über den Großen Vaterländischen Krieg der Sowjetunion, Berlin[-Ost] 1952, S. 142 f.

Der Vorsitzende des Rates der Volkskommissare und Generalsekretär der KPdSU, I. V. Stalin, zur sowjetischen Deutschlandpolitik auf der Konferenz von Teheran am 28. November 1943:

108 „Es lag... nahe, daß auf der Teheraner Konferenz auch die Frage der Behandlung des besiegten Deutschland erörtert wurde. Daß die Achsenmächte zur bedingungslosen Kapitulation gezwungen werden müßten, darüber gab es keine Differenzen. Man mußte aber auch Vorkehrungen dagegen treffen, daß vom deutschen Boden je wieder eine Aggression ausgehen könnte.

Man diskutierte darüber gleich nach dem späten Diner am 28. November, also schon bei Konferenzbeginn...

Seine Zigarre rauchend, bemerkte Churchill, die Allierten müßten Deutschland einen so vernichtenden Schlag versetzen, daß es andere Völker nie wieder bedrohen könnte. Stalin war der gleichen Meinung, fügte aber hinzu, Deutschland werde sein Potential sehr bald wiederaufbauen und erneut eine Gefahr für die Welt darstellen, wenn keine entsprechenden Vorkehrungen getroffen würden. Dem wollte Churchill nicht zustimmen. Er gab zu bedenken, daß die Menschenreserven und das Rüstungspotential Deutschlands bereits infolge der enormen Verluste an der Ostfront und der alliierten Bombenangriffe gegen deutsche Städte erschöpft seien. Bis Kriegsende seien noch gewaltige Schläge gegen Deutschland zu erwarten. Das Land würde entsetzlich zerstört werden und nicht so bald wieder auf die Beine kommen.

Ich sehe, Sie sind ein großer Optimist, lächelte Stalin. Er setzte die halb ausgetrunkene Kaffeetasse wieder auf den Tisch, strich sich mit einem weißen Taschentuch über den Schnurrbart und fügte ernster hinzu: Leider kann ich diesen Optimismus nicht teilen. Die spezifi-

schen Verhältnisse Deutschlands mit seinem Junkertum und seinen großen Rüstungskonzernen sind so gelagert, daß es immer aufs neue eine Gefahr für den Frieden bilden kann. Wir könnten allerdings versuchen, diese Verhältnisse zu ändern.
Churchill merkte, worauf Stalin hinauswollte: auf die Gesellschaftsordnung Nachkriegsdeutschlands. Er wechselte deshalb sofort das Thema ..."

Valentin Michailowitsch Bereshkow, Mit Stalin in Teheran, Frankfurt/M. 1968, S. 105 f.

Abkommen mit der Tschechoslowakei

„Die Tschechoslowakei war der einzige europäische Staat, der bei seiner Besetzung durch die Rote Armee in einem vertraglichen Bündnis mit der Sowjetunion stand. Beneš ... hielt eine Anlehnung an die Sowjetunion für nötig, um die Sicherheit seines Landes zu gewährleisten. Das Bündnis mit Moskau wurde ihm aber durch seinen Glauben an die Möglichkeit einer dauerhaften Zusammenarbeit der so verschiedenen ‚Demokratien' in West und Ost erleichtert. Im übrigen sah er zur Zeit des Vertragsabschlusses ... voraus, daß die Rote Armee im Laufe des Krieges nach Mitteleuropa und damit auch in die Tschechoslowakei gelangen werde, und wollte sich frühzeitig darauf einrichten." (Wolfgang Wagner, Die Teilung Europas, 1960, S. 111)

Aus dem Freundschafts- und Beistandsvertrag zwischen der UdSSR und der Tschechoslowakei vom 12. Dezember 1943:

109 „Das Präsidium des Obersten Sowjet der UdSSR und der Präsident der Tschechoslowakischen Republik, von dem Wunsche geleitet, den Vertrag über gegenseitige Hilfe zwischen der UdSSR und der Tschechoslowakischen Republik, der am 16. Mai 1935 in Prag unterzeichnet worden ist, abzuändern und zu ergänzen und die Bestimmungen des Abkommens zwischen der Regierung der UdSSR und der Regierung der Tschechoslowakischen Republik über ein gemeinsames Vorgehen im Krieg gegen Deutschland, das in London am 18. Juli 1941 unterzeichnet worden ist, zu bestätigen, ferner von dem Wunsche geleitet, nach dem Krieg bei der Erhaltung des Friedens und bei der Verhinderung weiterer Aggressionen seitens Deutschlands mitzuwirken und fortwährende Freundschaft und friedliche Zusammenarbeit miteinander nach dem Kriege zu sichern, haben beschlossen, einen Vertrag mit diesem Ziel zu schließen ...
Art. 1. Die Hohen Vertragschließenden Parteien, die übereingekommen sind, nach dem Kriege gemeinsam eine Politik stetiger Freundschaft und freundschaftlicher Zusammenarbeit sowie gegenseitiger Hilfe zu verfolgen, verpflichten sich, sich gegenseitig militärische und andere Hilfe sowie Unterstützung jeder Art im gegenwärtigen

Krieg gegen Deutschland und alle jene Staaten zu leisten, die mit ihm in Aggressionshandlungen in Europa verbunden sind...
Art. 3. Indem die Hohen Vertragschließenden Parteien ihre Politik des Friedens und der gegenseitigen Hilfe betonen, die in ihrem Vertrag von Prag vom 16. Mai 1935 verankert wurde, verpflichtet sich für den Fall, daß eine der Parteien nach dem Kriege in Kriegshandlungen mit Deutschland, das möglicherweise seine Politik des Dranges nach Osten wieder aufnimmt, oder mit einem anderen mit Deutschland unmittelbar oder auf andere Weise verbundenen Staat verwickelt wird, die andere Hohe Vertragschließende Partei der auf diese Weise in Kriegshandlungen hineingezogenen Partei sofort jegliche militärische und andere Unterstützung zu leisten.
Art. 4. Unter Berücksichtigung der Interessen der gegenseitigen Sicherheit kommen die Hohen Vertragschließenden Parteien überein, enge und freundschaftliche Zusammenarbeit nach Abschluß des Friedens zu pflegen und die Prinzipien der gegenseitigen Achtung ihrer Unabhängigkeit und Souveränität wie auch der Nichteinmischung in die inneren Angelegenheiten des anderen Staates zu achten. Sie kommen überein, ihre wirtschaftlichen Beziehungen in größtmöglichem Maße zu entwickeln und nach dem Kriege einander jede erdenkliche wirtschaftliche Unterstützung zu leisten."

Sbornik dejstvujuščich dogovorov, soglašenij i konvencij, zaključennych SSSR s inostrannymi gosudarstvami, Vyp. XI, Moskau 1955, S. 28 ff.

Abkommen mit den Polen in Moskau

„Anfang Juli [1944] führte Rola-Żymierski, der spätere polnische Verteidigungsminister, mit Stalin in Moskau Gespräche über militärische und strategische Fragen. Bei diesen Gesprächen sei auch die Frage einer Grenzziehung an Oder und Lausitzer Neiße eingehend erörtert worden, doch ist es anscheinend... noch nicht zu einer Entscheidung gekommen... Etwa zwischen dem 24. und 26. Juli 1944 fanden erneute Besprechungen der polnischen Vertreter mit Stalin statt. Bei einem dieser Gespräche habe Rola-Żymierski auf einer Karte demonstriert, daß die Grenze an Oder und Lausitzer Neiße die kürzeste Grenze zwischen Polen und Deutschland sei, den schlesischen Keil abschneide und somit als natürliche Sicherheitslinie die strategisch günstigste Grenze zwischen Polen und Deutschland darstelle. Die Polen setzten nunmehr ihren Standpunkt durch." (Viktoria Vierheller, Polen und die Deutschland-Frage 1939–1949, 1970, S. 75)

Aus dem Abkommen über die polnischen Staatsgrenzen zwischen dem „Polnischen Komitee der Nationalen Befreiung" in Moskau und der Regierung der UdSSR vom 27. Juli 1944:

110 „Das Polnische Komitee der Nationalen Befreiung und die Regierung der Union der Sozialistischen Sowjetrepubliken, von dem Wunsche beseelt, die Frage der Staatsgrenzen zwischen der

Republik Polen und der Union der Sozialistischen Sowjetrepubliken im Geiste der Freundschaft und Übereinstimmung zu regeln, haben folgendes Abkommen geschlossen:

Art. 1 Bei der Festlegung der Staatsgrenze zwischen der Republik Polen und der Union der Sozialistischen Sowjetrepubliken wird die sogenannte Curzon-Linie zugrunde gelegt.
Die Regierung der UdSSR hat sich dabei mit folgenden Abweichungen von dieser Linie zugunsten Polens einverstanden erklärt, indem sie der Republik Polen überließ:

a) das östlich der Curzon-Linie gelegene Gebiet bis zum Fluß Sołokija und dem Fluß West-Bug südlich der Stadt Krylow;
b) einen Teil des östlich der Curzon-Linie gelegenen Gebiets des Urwaldes von Białowieża...
Art. 2 Das Polnische Komitee der Nationalen Befreiung und die Regierung der UdSSR sind übereingekommen, daß der nördliche Teil Ostpreußens mit der Stadt und dem Hafen Königsberg an die UdSSR, der ganze übrige Teil Ostpreußens sowie der Danziger Bezirk mit der Stadt und dem Hafen Danzig dagegen an Polen übergehen.
Art. 3 Die Staatsgrenze zwischen der Republik Polen einerseits und der Union der Sozialistischen Sowjetrepubliken andererseits bildet die... Linie:

a) vom Fluß San nach Osten zur Siedlung Myczkowice, weiter östlich von Przemyśl, westlich von Rawa-Ruska bis zum Fluß Sołokija und des West-Bug auf Niemirów zu, ... von da an bis zum Schnittpunkt der Grenzen der Litauischen SSR, der Republik Polen und Ostpreußens, wobei Grodno auf der Seite der UdSSR verbleibt;
b) vom Schnittpunkt der Grenzen der Litauischen SSR, der Republik Polen und Ostpreußens in westlicher Richtung nördlich von Goldap-Braunsberg zur Küste der Danziger Bucht.
Art. 4 Die Regierung der UdSSR hat auch anerkannt, daß die Grenze zwischen Polen und Deutschland entlang einer westlich von Swinemünde bis zum Fluß Oder verlaufenden Linie, wobei die Stadt Stettin auf polnischer Seite verbleibt, weiter aufwärts des Flusses Oder bis zur Neisse, und von hier entlang des Flusses Neisse bis zur tschechoslowakischen Grenze, festgelegt werden soll.
Die sowjetische Regierung verpflichtet sich, bei der Festlegung der Staatsgrenzen zwischen Polen und Deutschland die Forderung auf die Festlegung der Grenze entlang der genannten Linie zu unterstützen..."

Alexander Uschakow, Das Erbe Stalins in den deutsch-polnischen Beziehungen, in: Internationales Recht und Diplomatie, Jg. 1970, 2. Halbband, S. 25 f.

Sowjetischer Alleingang in der Deutschlandpolitik

„Die theoretische Bedeutung dieses ‚Aktionsprogramms', des ersten Schlüsseldokuments für die sowjetische Besatzungspolitik gegenüber Deutschland, faßte Wilhelm Pieck am 9. November 1944 in einer seiner Lektionen vor sowjetischen Funktionären dahingehend zusammen, daß es sich um ein ‚Programm der nächsten politischen und ökonomischen Umgestaltungen' handle, ‚die einerseits auf dem Boden der jetzigen gesellschaftlich-ökonomischen Verhältnisse vollauf durchführbar und andererseits auf den weiteren Schritt vorwärts, für die Verwirklichung des Sozialismus, notwendig sind'. Praktisch bedeutete es, daß in Moskau insgeheim ein konkretes politisches Konzept für die Behandlung Deutschlands in dem Moment in den Grundzügen vorlag, als sich die Rote Armee anschickte, die Grenzen des Deutschen Reiches zu überschreiten." (Alexander Fischer, Antifaschismus und Demokratie, in: Potsdam und die deutsche Frage, 1970, S. 25 f.)

Aus dem von einer Arbeitskommission der KPD in Moskau ausgearbeiteten „Aktionsprogramm des Blockes der kämpferischen Demokratie" (3. Entwurf) vom 21. Oktober 1944:

111 „C) Rettung Deutschlands nur noch durch
1. Sturz Hitlers und Zerschlagung des imperialistischen Kriegs- und Gewaltapparates.
2. Verhaftung und Bestrafung der Kriegsverbrecher.
3. Brechung der Allmacht des faschistisch-imperialistischen Monopolkapitals. Enteignung der großen Kriegsverbrecher.
4. Friedliche Außenpolitik. Anerkennung der Pflicht zur Wiedergutmachung der Kriegsschäden.
5. Aufrichtung eines starken demokratischen Volksregimes. Umstellung der Wirtschaft in den Dienst des Volkes.
6. Beseitigung des vom Hitlerfaschismus herbeigeführten Chaos und Schaffung einer festen Ordnung, Disziplin und Sauberkeit im staatlichen und wirtschaftlichen Leben.
7. Ausrottung aller Wurzeln des Faschismus und Imperialismus und entsprechende Umerziehung des ganzen Volkes zur Demokratie.

D) Schlußfolgerung, was zu tun ist (unter den Bedingungen der militärischen Besetzung).
1. Entfaltung einer breiten antifaschistischen und antiimperialistischen Massenpropaganda.
2. Entfaltung einer Massenbewegung für die Schaffung eines Blockes der kämpferischen Demokratie, der alle Organisationen, Parteien, Gruppen und Personen erfassen soll, die für die Rettung Deutschlands durch Vernichtung der faschistisch-imperialistischen Reaktion und Aufrichtung eines demokratischen Volksregimes kämpfen werden.

3. Schaffung von Organen des Blockes der kämpferischen Demokratie.
4. Schaffung der Einheit der Arbeiterklasse, die sich nur durch innere Geschlossenheit und eine richtige Politik die ihr zukommende wichtige Rolle im Block der kämpferischen Demokratie verschaffen kann.
II. Teil: Sofortprogramm (unter den Bedingungen der militärischen Besetzung).
1. Sofortige Freilassung aller von den Faschisten eingekerkerten Freiheits- und Friedenskämpfer.
Sofortige Verhaftung und Aburteilung der Nazimörder und Kriegsschuldigen... Gründliche Säuberung des gesamten Staatsapparates und der Kommunalverwaltungen von allen faschistischen Elementen.
2. Aufhebung aller faschistischen volksfeindlichen, auf Völker- und Rassenhaß beruhenden Gesetze und aller unser Volk entehrenden Einrichtungen des Hitlerregimes.
Auflösung aller faschistischen Organisationen.
Verbot jeder faschistischen und imperialistischen Propaganda.
Säuberung des gesamten Erziehungs- und Bildungswesens... von dem faschistischen imperialistischen Unrat und Ungeist. Pflege eines wahrhaft demokratisch-freiheitlichen nationalen Geistes zur Wiederherstellung der Ehre der Nation.
3. Energische Maßnahmen zur Ausrottung aller Wurzeln des barbarischen Faschismus und räuberischen Imperialismus...
4. Energische Entfaltung einer wahren Demokratie, die die staatsbürgerliche Freiheit aller Volksangehörigen ohne Unterschied der Herkunft, des Standes, der Rasse und der Religion und eine ständige Erweiterung der Anteilnahme des ganzen Volkes an der inneren Umgestaltung des Landes sichert. Volle Glaubens- und Gewissensfreiheit. Freiheit der Organisation, der Presse und der Versammlung...
Wiederherstellung des freien, gleichen, geheimen und direkten Wahlrechts für alle staatlichen und kommunalen Organe aufgrund des Verhältnis-Wahlsystems. Schaffung und Entwicklung von Volksorganen zur Kontrolle und Sicherung der Durchführung der beschlossenen Gesetze und Maßnahmen und zur Heranziehung der Volksmassen zur aktiven Teilnahme am Staatsleben.
5. Sofortige Inangriffnahme von Maßnahmen zur Wiedergutmachung der den anderen Völkern, besonders dem Sowjetvolke, zugefügten Kriegsschäden...
6. Durchführung einer Wirtschaftspolitik, die dem Wiederaufbau Deutschlands und der Herstellung friedlicher Wirtschaftsbeziehungen dient.

7. Sicherung des Wiederaufbaus der Wirtschaft durch Umstellung aller Betriebe auf die Erzeugung der den Bedürfnissen des Volkes dienenden Verbrauchsgüter.
Lenkung und Kontrolle der Wirtschaft durch die Organe des demokratischen Staates im engen Zusammenwirken mit den Betriebsräten und Gewerkschaften ..."

Horst Laschitza, Kämpferische Demokratie gegen Faschismus, Berlin[-Ost] 1969, S. 194 ff.

Unstimmigkeiten in der polnischen Frage

„Die Zukunft Polens war nicht die grundlegendste Frage der alliierten Kriegspolitik, wie einige polnische Politiker anscheinend dachten: aber an diesem Problem zeigte sich zum erstenmal deutlich, daß die UdSSR und der Westen unfähig waren, für ihre Streitfragen Kompromisse zu finden."
(John L. Snell, Illusionen und Realpolitik, 1966, S. 158)

Aus einem Schreiben des Vorsitzenden des Rates der Volkskommissare, I. V. Stalin, an den Präsidenten der USA, F. D. Roosevelt, vom 27. Dezember 1944:

112 „Ihre Botschaft zur polnischen Frage habe ich am 20. Dezember erhalten ... Eine Reihe von Vorfällen, die sich nach dem letzten Moskauer Besuch von Herrn Mikolajczyk ereigneten, insbesondere die von uns entdeckte Funkverbindung zwischen der Regierung Mikolajczyk und in Polen verhafteten Terroristen – illegalen Agenten der polnischen Exilregierung –, beweist mit aller Deutlichkeit, daß die Verhandlungen zwischen Herrn Mikolajczyk und dem Polnischen Nationalkomitee nur als Deckmantel für jene Elemente dienten, die, hinter dem Rücken Mikolajczyks verschanzt, verbrecherische Terrorakte gegen sowjetische Offiziere und Soldaten auf polnischem Boden verübten. Wir können uns nicht mit einer solchen Lage abfinden, daß von den polnischen Emigranten aufgewiegelte Terroristen in Polen Soldaten und Offiziere der Roten Armee umbringen, gegen die Sowjettruppen, die Polen befreien, einen verbrecherischen Kampf führen und unseren Feinden, deren Verbündete sie faktisch sind, unmittelbare Hilfe leisten. Die Ersetzung Mikolajczyks durch Arcyszewski und der Ministerwechsel in der polnischen Emigrantenregierung überhaupt haben die Lage noch mehr verschlechtert und eine Kluft zwischen Polen und der Exilregierung geschaffen.
Das Polnische Nationalkomitee hat dagegen große Erfolge bei der Festigung des polnischen Staates und des Staatsapparates auf dem polnischen Territorium, beim Ausbau und bei der Festigung des pol-

9–42621/1

nischen Heeres, bei der praktischen Durchführung einer Reihe wichtiger staatlicher Maßnahmen, in erster Linie bei der Bodenreform zugunsten der Bauern, erzielt. Dies alles führte zur Konsolidierung der demokratischen Kräfte Polens und zu einer Verstärkung der Autorität des Nationalkomitees in breiten Schichten des polnischen Volkes und in weiten Kreisen im Ausland lebender Polen.

Ich bin der Meinung, daß wir jetzt daran interessiert sein müssen, das Polnische Nationalkomitee und alle jene zu unterstützen, die mit ihm zusammenarbeiten wollen und können, da das für die Alliierten und für die Lösung unserer gemeinsamen Aufgabe, die Niederwerfung Hitlerdeutschlands zu beschleunigen, besonders wichtig ist. Für die Sowjetunion, die die ganze Schwere des Kampfes um die Befreiung Polens von den deutschen Aggressoren trägt, ist es hinsichtlich der Beziehungen zu Polen wichtig, unter den gegebenen Verhältnissen tagtäglich enge und freundschaftliche Beziehungen mit einer Macht zu unterhalten, die vom polnischen Volk auf seinem eigenen Boden geschaffen wurde und die bereits erstarkt ist sowie ein eigenes Heer hat, das zusammen mit der Roten Armee gegen die Deutschen kämpft.

Ich muß offen sagen, falls sich das Polnische Komitee der Nationalen Befreiung in eine Provisorische Polnische Regierung umbildet, wird die Sowjetregierung angesichts des Obengesagten keinen ernsthaften Grund haben, ihre Anerkennung hinauszuschieben. Man muß berücksichtigen, daß die Sowjetunion an der Stärkung eines demokratischen und den Alliierten gegenüber freundlich gesinnten Polens mehr interessiert ist als jede andere Macht, und zwar nicht nur deshalb, weil die Sowjetunion die Hauptlast des Kampfes um die Befreiung Polens trägt, sondern weil Polen auch ein Nachbarstaat der Sowjetunion ist und das polnische Problem mit dem Problem der Sicherheit der Sowjetunion untrennbar verknüpft ist. Dem muß man hinzufügen, daß die Erfolge der Roten Armee in Polen im Kampf gegen die Deutschen sehr von einem ruhigen und zuverlässigen polnischen Hinterland abhängen. Das Polnische Nationalkomitee berücksichtigt diesen Umstand voll und ganz, während die Emigrantenregierung und ihre illegalen Agenten mit ihren Terroraktionen die Gefahr eines Bürgerkrieges im Rücken der Roten Armee heraufbeschwören und deren Erfolgen entgegenwirken.

Andererseits gibt es unter den in Polen entstandenen Verhältnissen keinen Grund, die Politik der Exilregierung weiterhin zu unterstützen, denn sie hat das Vertrauen der polnischen Bevölkerung im Lande völlig eingebüßt, beschwört außerdem die Gefahr eines Bürgerkrieges im Rücken der Roten Armee herauf und verletzt damit unsere gemeinsamen Interessen für einen erfolgreichen Kampf gegen die Deutschen. Ich glaube, es wäre natürlich, gerecht und für unsere gemeinsame Sache vorteilhaft, wenn die Regierungen der alliierten Mächte sofort als ersten Schritt dem Austausch von Vertretern mit dem Polnischen Nationalkomitee zustimmten, um es nach einer gewissen Zeit, nachdem sich das Nationalkomitee in eine Provisorische Regierung Polens umgebildet hat, als rechtmäßige Regierung anzuerkennen. Andernfalls befürchte ich, daß das Vertrauen des polnischen Volkes in die alliierten Mächte nachlassen könnte. Nach meinem Dafürhalten dürfen wir nicht zulassen, daß das polnische Volk sagen kann, wir opferten die Interessen Polens den Interessen einer Handvoll polnischer Emigranten in London."

Briefwechsel Stalins mit Churchill, Attlee, Roosevelt und Truman 1941–1945, Berlin[-Ost] 1961, S. 668 ff.

Zielvorstellungen Moskaus in Osteuropa und in den Vereinten Nationen

„Bis zur Errichtung der zweiten Front gab es immerhin plausible Gründe, die es verständlich machten, daß man die amerikanische Politik von militärischen Erwägungen beherrschen ließ und den Versuch unternahm, eine allgemeine politische Diskussion mit den Sowjets zu vermeiden und hinauszuzögern. Doch von jener Zeit und vor allem vom Warschauer Aufstand an gab es keine Rechtfertigung mehr dafür. Wir waren den Russen zu dieser Zeit hinsichtlich der Bildung einer zweiten Front nichts mehr schuldig. Das sowjetische Gebiet war fast vollkommen von den deutschen Eindringlingen gesäubert. Worum es von September 1944 an ging, war einzig und allein die Frage der russischen Nachkriegsziele in Ost- und Mitteleuropa, und in dieser Hinsicht hatten wir keinen Anlaß, noch irgendwelche Illusionen zu hegen." (George F. Kennan, Sowjetische Außenpolitik unter Lenin und Stalin, 1961, S. 489 f.)

Aus einem Bericht des amerikanischen Botschafters in der UdSSR, W. Averell Harriman, an den Außenminister vom 10. Januar 1945:

113 „Die relative Ruhe in bezug auf militärische Handlungen an der Ostfront hat in der Tat der Sowjetunion eine Möglichkeit gegeben, ihre politischen Ziele in von der russischen Armee befreiten Gebieten zu verfolgen. Im Ergebnis hat das Muster der sowjetischen Taktik in Osteuropa und auf dem Balkan Gestalt angenommen und die wahre Natur der Sowjetziele klar erkennen lassen. Es ist offenbar geworden, daß die Sowjets zwar direkte Versuche scheuen, sich fremde Länder einzuverleiben, die nicht innerhalb der Grenzen vom 21. Juni 1941 lagen, dennoch aber die ihnen zur Verfügung stehenden vielseitigen Mittel anwenden, um die Bildung von Regimen sicherzustellen, die wohl nach außen den Anschein der Unabhängigkeit und breiter Unterstützung im Volke aufrechterhalten, tatsäch-

lich jedoch in ihrer Existenz von Gruppen abhängig sind, die allen vom Kreml ausgehenden Vorschlägen positiv gegenüberstehen. Diese Mittel sind Besatzungstruppen, Geheimpolizei, örtliche kommunistische Parteien, Gewerkschaften, sympathisierende Linksorganisationen, geförderte Kulturgemeinschaften und wirtschaftlicher Druck.
Die Taktiken sind mannigfaltig in ihrer Verschiedenheit und sind ausgewählt, um den Gegebenheiten in jedem Land besonders zu begegnen, abhängig im weitesten Sinne von dem Umfang und der Stärke des Widerstandes, der der sowjetischen Durchdringung entgegengesetzt wird. Es ist besonders bemerkenswert, daß praktisch kein Unterschied in dieser Beziehung gemacht zu werden scheint zwischen Mitgliedern der Vereinten Nationen, deren Gebiet von sowjetischen Truppen befreit worden ist, und ehemalige Feindgebietsländern, die besetzt worden sind.
Die Vorrangstellung in der sowjetischen Außenpolitik nimmt die Frage der ‚Sicherheit', wie Moskau sie sieht, ein. Dieses erstrebte Ziel erklärt die meisten der letzten sowjetischen Aktionen, die im Ausland Kritik ausgelöst haben: Das Verlangen nach Einstimmigkeit bei Entscheidungen im Sicherheitsrat, die Opposition gegenüber den regionalen Blocks, die Förderung von Marionettenregimen in allen benachbarten Ländern, das Verlangen nach umfassender Säuberung von reaktionären Elementen in allen befreiten Gebieten, das beständige Bemängeln der Neutralen, die Forderung nach ausgedehnten Öl- und Mineralkonzessionen in Iran. Die Sowjetunion sehnt die Zeit herbei, während der sie sich, frei von Gefahr, von den Wunden des Krieges erholen und ihre industrielle Revolution zu Ende führen kann. Die sowjetische Auffassung von Sicherheit scheint sich der Notwendigkeiten oder Rechte anderer Länder und Rußlands Verpflichtung, sowohl Beschränkungen als auch Vorteile eines internationalen Sicherheitssystems in Kauf zu nehmen, nicht bewußt zu sein ..." *Die Konferenzen von Malta und Jalta, Düsseldorf o. J., S. 419 f.*

Stalins außenpolitische Maxime am Ende des Zweiten Weltkrieges

„Alle Anzeichen deuten ... darauf hin, daß die sowjetische Außenpolitik in der Ära des Zweiten Weltkrieges wahrscheinlich nicht ausschließlich von den üblichen Erwägungen der nationalen Sicherheit dirigiert wurde, obwohl es bis Ende 1944 so aussah. Was Ende 1944 und später geschah, läßt vermuten, daß das Ziel, die Ausbreitung des Kommunismus, niemals ganz vergessen worden war, und daß, obwohl Stalin während der Jahre der erzwungenen Zusammenarbeit mit dem Westen eine echte Realpolitik betrieb, er sobald als möglich auf die Illusionen der kommunistischen Dogmen zurückgriff ..." (John L. Snell, Illusionen und Realpolitik, 1966, S. 214)

Der Vorsitzende des Rates der Volkskommissare und Generalsekretär der KPdSU, I. V. Stalin, über die Zielsetzung der sowjetischen Außenpolitik im Frühjahr 1945:

114 „Stalin legte dar, wie er über die besondere Art des Krieges dachte, den wir zur Zeit führten: Dieser Krieg ist nicht wie in der Vergangenheit; wer immer ein Gebiet besetzt, erlegt ihm auch sein eigenes gesellschaftliches System auf. Jeder führt sein eigenes System ein, so weit seine Armee vordringen kann. Es kann gar nicht anders sein.

Er erklärte auch, ohne sich auf lange Erklärungen einzulassen, den Sinn seiner panslawistischen Politik. ‚Wenn die Slawen zusammenbleiben und Solidarität wahren, wird in Zukunft niemand mehr einen Finger rühren können. Nicht einen Finger!‘ wiederholte er, den Gedanken unterstreichend, indem er mit dem Zeigefinger durch die Luft fuhr.

Jemand gab seinem Zweifel daran Ausdruck, daß die Deutschen fähig sein würden, sich innerhalb von fünfzig Jahren wieder zu erholen. Aber Stalin war anderer Meinung. Nein, sie werden sich wieder erholen, und zwar sehr rasch. Sie sind eine hoch entwickelte Industrienation mit einer äußerst qualifizierten und zahlreichen Arbeiterklasse und einer technischen Intelligentsia. Gebt ihnen zwölf oder fünfzehn Jahre Zeit, und sie werden wieder auf den Beinen stehen. Und deshalb ist die Einheit der Slawen so wichtig. Aber davon ganz abgesehen – wenn die Einheit der Slawen Tatsache ist, wird niemand wagen, auch nur einen Finger zu rühren.

Einmal stand er auf, zog die Hosen hoch, als trete er zu einem Ringkampf oder Boxkampf an, und rief fast wie hingerissen: ‚Der Krieg wird bald vorbei sein. In fünfzehn oder zwanzig Jahren werden wir uns erholt haben, und dann werden wir es noch einmal versuchen.‘

Seinen Worten haftete etwas Schreckliches an, hatte doch ein furchtbarer Krieg noch nicht sein Ende gefunden. Es war aber auch etwas Eindrucksvolles an seiner Kenntnis von den Pfaden, die er einzuschlagen hatte, etwas Eindrucksvolles an der Gesetzmäßigkeit, in deren Zeichen die Welt, in der wir lebten, und die Bewegung, die er anführte, standen ...“

Milovan Djilas, Gespräche mit Stalin, Frankfurt/M. 1962, S. 146 f.

Zeittafel

	Sowjetische Außenpolitik	Internationale Konferenzen und Abkommen
1917	L. D. Trockij Volkskommissar für Auswärtige Angelegenheiten (Okt.). Dekret über den Frieden (26. 10. bzw. 8. 11.). Deklaration der Rechte der Völker Rußlands (2. bzw. 15. 11.). Angebot von Waffenstillstand und Friedensverhandlungen an alle kriegführenden Mächte (8. bzw. 21. 11.). Unabhängigkeitserklärung Finnlands (23. 11. bzw. 6. 12.). Waffenstillstand mit den Mittelmächten (2. bzw. 15. 12.).	
1918	Besetzung Bessarabiens durch Rumänien (Jan.). Unabhängigkeitserklärung der Ukraine (9. bzw. 22. 1.). Friedensvertrag mit Deutschland, Österreich-Ungarn, Bulgarien und der Türkei in Brest-Litovsk (3. 3.). Landung britischer Truppen in Murmansk (9. 3.). Unabhängigkeitserklärung Weißrußlands (25. 3.). G. V. Čičerin Volkskommissar für Auswärtige Angelegenheiten (30. 5.). Ermordung des deutschen Geschäftsträgers Graf Mirbach in Moskau (6. 7.). Annullierung des Friedensvertrages von Brest-Litovsk (13. 11.). Landung britisch-französischer Truppen in Südrußland (23.–27. 11.).	14-Punkte-Rede des amerikanischen Präsidenten Wilson (8. 1.). Waffenstillstandsabkommen zwischen Deutschland und der Entente, Ende des Ersten Weltkrieges (11. 11.).
1919	Weißrußland Sowjetrepublik (1. 1.). Gründungskongreß der Kommunistischen Internationale (2.–7. 3.). Beginn des Abzugs der Truppen der Entente (April). Ukraine Sowjetrepublik (8. 4.). Aufnahme diplomatischer Beziehungen zu Afghanistan (10. 6.). Verhängung einer Wirtschaftsblokkade über Sowjetrußland durch die Entente (10. 10.).	Beginn der Friedenskonferenz von Versailles (18. 1.). Unterzeichnung der Friedensverträge von Versailles (28. 6.) und St. Germain (10. 9.).

1920	Aufhebung der Wirtschaftsblockade durch die Entente (16. 1.). Beginn des Krieges mit Polen (26. 4.). Eroberung Kievs durch polnische Truppen (7. 5.). Friedensverträge mit Estland (2. 2.), Litauen (12. 7.) und Lettland (11. 8.). Waffenstillstand und Präliminarfrieden mit Polen (12. 10.). Friedensvertrag mit Finnland (14. 10.).	Beginn der Bildung der „Kleinen Entente" durch Vertrag zwischen der Tschechoslowakei und Jugoslawien (14. 8.). Erster Zusammentritt des Völkerbundes in Genf (15. 11. bis 18. 12.).
1921	Ende der Unabhängigkeit Georgiens (25. 2.). Vorläufiges Handelsabkommen mit Großbritannien (16. 3.). Friedensvertrag mit Polen in Riga (18. 3.). Befristetes Handels- und politisches Abkommen mit Deutschland (6. 5.). Abkommen über die Herstellung freundschaftlicher Beziehungen zur Mongolischen Volksrepublik (5. 11.).	Bündnisvertrag zwischen Frankreich und Polen (19. 2.). Viermächtepakt zwischen den USA, Großbritannien, Frankreich und Japan in Washington (13. 12.).
1922	Teilnahme an der Konferenz von Genua (10. 4. bis 19. 5.). Vertrag mit Deutschland in Rapallo (16. 4.). Vorläufiges Abkommen mit der Tschechoslowakei (5. 6.). Geheimabkommen mit der Reichswehr über die Herstellung und Lieferung von Waffen und Munition (29. 7.).	Weltwirtschaftskonferenz in Genua (10. 4.–19. 5.). Friedenskonferenz von Lausanne (20. 11.–4. 2. 1923).
1923	Beitritt zur Meerengen-Konvention von Lausanne (14. 8.).	Fortsetzung der Friedenskonferenz von Lausanne (23. 4.–24. 7.).

1924	Aufnahme diplomatischer Beziehungen zu Großbritannien (2. 2.), Italien (7. 2.), Österreich (25. 2.) und China (31. 5.). Unterzeichnung eines politischen und Handelsvertrages mit Großbritannien (8. 8.). Aufnahme diplomatischer Beziehungen zu Frankreich (28. 10.).	Genfer Protokoll über die friedliche Regelung internationaler Streitigkeiten (2. 10.).
1925	Aufnahme diplomatischer Beziehungen zu Japan (20. 1.). Beitritt zur Haager Konvention (16. 6.). Handels- und Wirtschaftsvertrag mit Deutschland (12. 10.).	Konferenz von Locarno (5.–16. 10.).
1926	Neutralitätsvertrag mit Deutschland, „Berliner Vertrag" (24. 4.). Neutralitätsvertrag und Nichtangriffsvertrag mit Afghanistan (31. 8.). Nichtangriffsvertrag mit Litauen (28. 9.).	Erste Tagung der vorbereitenden Kommission des Völkerbundes für eine Abrüstungskonferenz (18.–26. 5.).
1927	Durchsuchung der britisch-sowjetischen Aktiengesellschaft „Arcos" in London (12. 5.). Abbruch der diplomatischen Beziehungen durch Großbritannien (27. 5.). Ermordung des sowjetischen Botschafters P. L. Vojkov in Warschau (7. 6.). Vorschläge für eine allgemeine und vollständige Abrüstung (22. 11.).	Weltwirtschaftskonferenz in Genf (4.–23. 5.).
1928	Teilnahme an der Arbeit der vorbereitenden Kommission des Völkerbundes zur Einberufung der Abrüstungskonferenz (15. 2.–23. 3.). Beitrittserklärung zum Briand-Kellogg-Pakt, „Kriegsächtungspakt" (29. 8.).	Briand-Kellogg-Pakt, „Kriegsächtungspakt" (27. 8.).
1929	Litvinov-Protokoll über die vorfristige Inkraftsetzung des Briand-Kellogg-Paktes mit Estland, Lettland, Polen und Rumänien (9. 2.). Abbruch der diplomatischen Beziehungen zu China (17. 9.). Wiederherstellung der diplomatischen Beziehungen zu Großbritannien (3. 10.).	Beginn der Weltwirtschaftskrise (25. 10.).
1930	Abbruch der Beziehungen durch Mexiko (26. 1.). Vorläufiges Handelsabkommen mit Großbritannien (16. 4.). M. M. Litvinov Volkskommissar für Auswärtige Angelegenheiten (Juli).	„Pan-Europa"-Memorandum Briands (17. 5.).

1931	Verlängerung des Berliner Vertrages (24. 6.). Nichtangriffsvertrag mit Afghanistan (24. 6.). Wirtschaftsprotokoll mit Deutschland (22. 12.). Vorschlag eines Nichtangriffspaktes an Japan (31. 12.).	Einfall Japans in die Mandschurei, Beginn des langjährigen Spannungszustandes zwischen China und Japan (18. 9.).
1932	Teilnahme an der Internationalen Abrüstungskonferenz in Genf (2. 2.–23. 7.). Nichtangriffsverträge mit Finnland (21. 1.), Lettland (5. 2.), Estland (4. 5.), Polen (25. 7.) und Frankreich (29. 11.). Wiederaufnahme der Beziehungen zu China (12. 12.).	Erste Internationale Abrüstungskonferenz in Genf (2. 2.–23. 7.).
1933	Unterzeichnung einer Konvention über die Definition des Aggressors (3. 7.). Aufnahme diplomatischer Beziehungen zu Spanien (28. 7.). Nichtangriffsvertrag mit Italien (2. 9.). Aufnahme diplomatischer Beziehungen zu den USA (16. 11.).	Zweite Internationale Abrüstungskonferenz in Genf (2. 2. bis 14. 10.). Austritt Japans (27. 3.) und Deutschlands (19. 10.) aus dem Völkerbund. Ende der Weltwirtschaftskrise.
1934	Aufnahme diplomatischer Beziehungen zu Ungarn (4. 2.), Rumänien (9. 6.), Tschechoslowakei (9. 6.), Bulgarien (23. 7.) und Albanien (17. 9.). Schiffahrtsabkommen für den Amur mit Mandschukuo (4. 9.). Eintritt in den Völkerbund (15. bzw. 18. 9.). Protokoll mit Frankreich über den Abschluß eines Ostpaktes (5. 12.).	„Ostpakt"-Vorschlag des französischen Außenministers Barthou (27. 6.).
1935	Verkauf der Ostchinesischen Eisenbahn an Mandschukuo (23. 3.). Beistandsverträge mit Frankreich (2. 5.) und der Tschechoslowakei (16. 5.). VII. Weltkongreß der Komintern (25. 7.–25. 8.)	Einführung der allgem. Wehrpflicht in Deutschland (16. 3.). Deutsch-brit. Flottenabk. (18. 6.).

1936	Protokoll über gegenseitigen Beistand mit der Mongolischen Volksrepublik (12. 3.). Beitritt zur Konvention über die Schwarzmeerengen (20. 7.). Abkommen über Nichteinmischung in den Spanischen Bürgerkrieg (9. 9.).	Erstes Volksfrontkabinett in Frankreich (5. 6.). Konferenz zur Frage der Schwarzmeerengen in Montreux (22. 6.–20. 7.). Deutsch-italienisches Abkommen, „Achse Berlin – Rom“ (25. 10.). Antikominternpakt zwischen Deutschland und Japan (25.11.).
1937	Flottenabkommen mit Großbritannien (17. 7.). Nichtangriffsvertrag mit China (21. 8.). Teilnahme an der Konferenz von Brüssel (3.–24. 11.).	Beginn des chinesisch-japanischen Krieges (7.7.). Konferenz von Brüssel über die japanische Aggression in China (3.–24. 11.). Austritt Italiens aus dem Völkerbund (11. 12.).
1938	Erklärung Litvinovs zum „Anschluß“ Österreichs an Deutschland (17. 3.). Zwischenfälle mit japanischen Truppen an der fernöstlichen Grenze (29. 7. bis 11. 8.). Beilegung der sowjetisch-mandschurischen Grenzzwischenfälle mit Japan (10. 8.).	Einmarsch deutscher Truppen in Österreich, „Anschluß“ (11. 3.). Konferenz von München, „Münchner Abkommen“ (29.–30. 9.).

1939	Handelsvertrag mit Polen (19. 2.). Beginn der Verhandlungen mit Großbritannien und Frankreich über gegenseitigen Beistand (21. 3.). Ablösung Litvinovs als Volkskommissar für Auswärtige Angelegenheiten durch V. M. Molotov (3. 5.). Beginn der Gespräche mit Deutschland (20. 5.). Verhandlungen mit Militärmissionen Großbritanniens und Frankreichs über einen Beistandspakt (12.–21. 8.). Handels- und Kreditabkommen mit Deutschland (19. 8.). Nichtangriffsvertrag und Geheimprotokoll über die beiderseitigen Interessensphären in Osteuropa mit Deutschland (23. 8.). Anerkennung der Slowakei (15. 9.). Einmarsch sowjetischer Truppen in Ostpolen (17. 9.). Freundschafts- und Grenzvertrag mit Deutschland (28. 9.). Beistandspakte mit Estland (28. 9.), Lettland (5. 10.) und Litauen (10. 10.). Beginn des Krieges mit Finnland (30. 11.). Ausschluß aus dem Völkerbund (14. 12.).	Okkupation der „Rest-Tschechei" durch Deutschland (15. 3.). Garantieerklärung Großbritanniens an Polen (31. 3.). Deutscher Überfall auf Polen, Beginn des Zweiten Weltkrieges (1. 9.).
1940	Wirtschaftsabkommen mit Deutschland (11. 2.). Friedensvertrag mit Finnland (12. 3.). Annexion Litauens (17. 6.), Lettlands (20. 6.) und Estlands (21. 6.). Aufnahme diplomatischer Beziehungen zu Jugoslawien (25. 6.). Ultimatum an Rumänien betr. Abtretung Bessarabiens und der Nordbukowina (26. 6.). Annexion Bessarabiens und der Nordbukowina (28. 6.). Estland, Lettland und Litauen offiziell Sowjetrepubliken (21. 7.). Besuch Molotovs in Berlin (12.–13. 11.).	Dreimächtepakt zwischen Deutschland, Italien und Japan (27. 9.).
1941	Wirtschaftsabkommen mit Deutschland (10. 1.). Freundschafts- und Nichtangriffsvertrag mit Jugoslawien (5. 4.). Neutralitätspakt mit Japan (13. 4.). Deutscher Überfall, Beginn des „Großen Vaterländischen Krieges" (22. 6.). Kriegserklärungen Finnlands (25. 6.) und Ungarns (27. 6.). Abkommen über die gemeinsame Kriegführung gegen Deutschland mit Großbritannien (12. 7.). Abkommen mit der tschechoslowakischen (18. 7.) und der polnischen Exilregierung (30. 7.). Einmarsch sowjetischer und britischer Truppen in Persien (25. 8.). Protokoll über die Lieferung von Kriegsmaterial aus Großbritannien und den USA (1. 10.). Beitritt zur Atlantik-Charta (24. 9.). Verhandlungen mit Großbritannien in Moskau (16.–22. 12.).	Verkündung der Atlantik-Charta (14. 8.). Erste Konferenz von Washington zwischen Roosevelt und Churchill (22. 12. bis 14. 1. 1942).

1942	Unterzeichnung der Erklärung der Vereinten Nationen (1. 1.). Bündnisvertrag mit Großbritannien (26. 5.). Pacht- und Leihabkommen mit den USA (11. 6.). Verhandlungen mit Churchill und Harriman in Moskau (12.–16. 8.).	Erklärung der Vereinten Nationen (1. 1.). Zweite Konferenz von Washington zwischen Roosevelt und Churchill (19.–26. 6.).
1943	Abbruch der Beziehungen zur polnischen Exilregierung (25. 4.). Auflösung der Komintern (15. 5.). Teilnahme an der Außenminister-Konferenz in Moskau (19.–30. 10.). Teilnahme an der Konferenz der „Großen Drei" in Teheran (28. 11. bis 1. 12.). Beistandspakt mit der tschechoslowakischen Exilregierung (12. 12.).	Konferenz von Casablanca zwischen Roosevelt und Churchill (14.–26. 1.). Konferenz der Außenminister in Moskau (19.–30. 10.). Konferenz der „Großen Drei" in Teheran (28. 11. bis 1. 12.).
1944	Waffenstillstandsangebote an Finnland (1. 3.) und Rumänien (12. 4.). Abkommen mit dem kommunistischen „Polnischen Komitee der Nationalen Befreiung" (26. 7.). Waffenstillstand mit Rumänien (12. 9.), Finnland (19. 9.) und Bulgarien (28. 10.). Verhandlungen Churchills in Moskau (9.–18. 10.). Wiederaufnahme diplomatischer Beziehungen zu Italien (25. 10.). Verhandlungen mit General de Gaulle in Moskau (2.–10. 12.). Bündnis- und Beistandsvertrag mit Frankreich (10. 12.).	Landung anglo-amerikanischer Truppen in Nordfrankreich (6. 6.). Konferenzen von Bretton Woods (1.–22. 7.) und Dumbarton Oaks (21. 8.–26. 9.).

1945	Anerkennung der Provisorischen Regierung Polens (4. 1.). Waffenstillstandsabkommen mit Ungarn (20. 1.). Teilnahme an der Konferenz der „Großen Drei“ in Jalta (4.–11. 2.). Kündigung des Neutralitätsvertrages mit Japan (5. 4.). Freundschafts- und Beistandsvertrag mit Polen (21. 4.). Teilnahme an der Konferenz von San Franzisco (25. 4.–26. 6.). Options- und Umsiedlungsabkommen mit Polen (6. 7.). Teilnahme an der Konferenz der „Großen Drei“ in Potsdam (17. 7.–2. 8.). Kriegserklärung an Japan (8. 8.). Freundschafts- und Bündnisvertrag mit China (14. 8.). Grenzvertrag mit Polen (16. 8.). Reparationsabkommen mit Polen (16. 8.). Teilnahme an der Konferenz der Außenminister in Moskau (16.–26. 12.).	Konferenz der „Großen Drei“ in Jalta (4.–11. 2.). Konferenz von San Franzisco, Gründung der Vereinten Nationen (25. 4. bis 26. 6.). Konferenz der „Großen Drei“ in Potsdam (17. 7. bis 2. 8.). Konferenz der Außenminister in Moskau (16.–26. 12.).

Literaturhinweise

Allgemeine Darstellungen

Max Beloff, The Foreign Policy of Soviet Russia 1929–1941, Vol. 1/2, London ²1949–52

Franz Borkenau, Der europäische Kommunismus. Seine Geschichte von 1917 bis zur Gegenwart, Bern 1952

Jane Degras (Hrsg.), Soviet Documents on Foreign Policy, Vol. I–III, London/New York/Toronto 1951–53

Louis Fischer, The Soviets in World Affairs, Vol. 1/2, Princeton 1951

Geschichte der sowjetischen Außenpolitik 1917–1966. 1. Teil (1917–1945), Berlin[-Ost] 1969

Geschichte des Großen Vaterländischen Krieges der Sowjetunion, Bd. 1–6, Berlin[-Ost] 1962–68

Dietrich Geyer (Hrsg.), Osteuropa-Handbuch: Sowjetunion. Außenpolitik I (1917–1955), Köln/Wien 1973

George F. Kennan, Sowjetische Außenpolitik unter Lenin und Stalin, Stuttgart 1961

Walter Kolarz, Die Nationalitätenpolitik der Sowjetunion, Frankfurt/M. 1956

F. A. Krummacher/H. Lange, Krieg und Frieden. Geschichte der deutsch-sowjetischen Beziehungen. Von Brest-Litowsk bis zum Unternehmen Barbarossa, München 1970

J. P. Nettl, Der Aufstieg der Sowjetunion, Wien–München–Zürich 1972

Günther Nollau, Die Internationale. Wurzeln und Erscheinungsformen des proletarischen Internationalismus. Köln ²1961

Adam B. Ulam, Expansion and Coexistence. The History of Soviet Foreign Policy, 1917–1967, New York 1968

Wolfgang Wagner, Die Teilung Europas. Geschichte der sowjetischen Expansion bis zur Spaltung Deutschlands 1918–1945, Stuttgart ²1960

Darstellungen und Dokumentationen

Zu Kapitel I

Deutsch-sowjetische Beziehungen von den Verhandlungen in Brest-Litowsk bis zum Abschluß des Rapallovertrages. Dokumentensammlung. Bd. I (1917–1918), Berlin[-Ost] 1967

John Bradley, Allied Intervention in Russia, London 1968

O. *H. Gankin/H. H. Fisher*, The Bolsheviks and the World War. The Origin of the Third International, Stanford/Calif. ²1960

Werner Hahlweg (Hrsg.), Der Friede von Brest-Litowsk, Düsseldorf 1971

George F. Kennan, Amerika und die Sowjetmacht, Bd. 1/2, Stuttgart 1956–58

Helmut Neubauer, München und Moskau 1918/1919. Zur Geschichte der Rätebewegung in Bayern, München 1958

Günter Rosenfeld, Sowjetrußland und Deutschland 1917–1922, Berlin [-Ost] 1960

Otto-Ernst Schüddekopf, Karl Radek in Berlin. Ein Kapitel deutsch-russischer Beziehungen im Jahre 1919, in: Archiv für Sozialgeschichte, Bd. 2 (1962), Hannover 1962

John H. Thompson, Russia, Bolshevism, and the Versailles Peace, Princeton, N.J. 1966

Piotr S. Wandycz, Soviet-Polish Relations, 1917–1921, Cambridge/Mass. 1969

Zu Kapitel II

Deutsch-sowjetische Beziehungen von den Verhandlungen in Brest-Litowsk bis zum Abschluß des Rapallovertrages. Dokumentensammlung. Bd. II (1919–1922), Berlin[-Ost] 1971

Conrad Brandt, Stalin's Failure in China 1924–1927. Cambridge, Mass. 1958

Wolfgang Eichwede, Revolution und internationale Politik. Zur kommunistischen Interpretation der kapitalistischen Welt 1921–1925, Köln/Wien 1971

Xenia J. Eudin/Harold H. Fisher (Hrsg.), Soviet Russia and the West 1920–1927. A Documentary Survey, Stanford/Calif. 1957

Xenia J. Eudin/Robert C. North (Hrsg.), Soviet Russia and the East 1920–1927. A Documentary Survey, Stanford/Calif. 1957

Judit Garamvölgyi, Aus den Anfängen sowjetischer Außenpolitik, Köln 1967

H. Grieser, Die Sowjetpresse über Deutschland in Europa 1922–1932. Revision von Versailles und Rapallo-Politik in sowjetischer Sicht, Stuttgart 1970

J. Korbel, Poland between East and West. Soviet and German Diplomacy toward Poland, 1919–1933, Princeton 1963

Theodor Schieder, Die Probleme des Rapallo-Vertrages. Eine Studie über die deutsch-russischen Beziehungen 1922–1926, Köln/Opladen 1956

Martin Walsdorff, Westorientierung und Ostpolitik. Stresemanns Rußlandpolitik in der Locarno-Ära, Bremen 1971

Zu Kapitel III

Donald G. Bishop, The Roosevelt-Litvinov Agreements. The American View, Syracuse, N.Y. 1965

H. L. Dyck, Weimar Germany and Soviet Russia 1926–1933. A Study in Diplomatic Instability, London 1966

Ein französischer Diplomat über die bolschewistische Gefahr. Berichte des Botschafters der Französischen Republik in Moskau, Jean Herbette, aus den Jahren 1927 bis 1931, Berlin 1943

Xenia Joukoff Eudin/Robert M. Slusser, Soviet Foreign Policy 1928–1934, Vol. I/II, London 1966–67

C. B. McLane, Soviet Policy and the Chinese Communists 1931–1946, New York 1958

Leonard Mosley, Der gespenstische Friede. Europäische Politik 1938/39, Bergisch Gladbach 1969

Karl-Heinz Niclauß, Die Sowjetunion und Hitlers Machtergreifung. Eine Studie über die deutsch-russischen Beziehungen der Jahre 1929 bis 1935, Bonn 1966

William Evans Scott, Alliance Against Hitler. The Origins of the Franco-Soviet Pact, Durham, N.C. 1962

Hermann Teske (Hrsg.), General Ernst Köstring. Der militärische Mittler zwischen dem Deutschen Reich und der Sowjetunion 1921–1941, Frankfurt/M. o. J. [1966]

Thomas Weingartner, Stalin und der Aufstieg Hitlers. Die Deutschlandpolitik der Sowjetunion und der Kommunistischen Internationale 1929 bis 1934, Berlin 1970

Zu Kapitel IV

Briefwechsel Stalins mit Churchill, Attlee, Roosevelt und Truman 1941 bis 1945, Berlin [-Ost] 1961

Eber M. Carroll/Fritz T. Epstein (Hrsg.), Das nationalsozialistische Deutschland und die Sowjetunion 1939–1941, Washington 1948

Winston S. Churchill, Der Zweite Weltkrieg, Bde. III–V, Hamburg/Stuttgart 1950

Herbert Feis, Churchill – Roosevelt – Stalin. The War They Waged and the Peace They Sought, Princeton, N.J. 1957

Alexander Fischer (Hrsg.), Teheran – Jalta – Potsdam. Die sowjetischen Protokolle von den Kriegskonferenzen der „Großen Drei", Köln ²1973

Max Jacobson, The Diplomacy of the Winter War. An Account of the Russo-Finnish War 1939/40, Cambridge, Mass. 1961

Gabriel Kolko, The Politics of War. Allied Diplomacy and the World Crisis of 1943–1945, London 1969

Hubertus Lupke, Japans Rußlandpolitik von 1939 bis 1941, Frankfurt/Berlin 1962

William Hardy McNeill, America, Britain and Russia. Their Co-operation and Conflict 1941–1946, London 1953

Boris Meißner, Die Sowjetunion, die baltischen Staaten und das Völkerrecht, Köln 1956

Potsdam und die deutsche Frage. Mit Beiträgen von Ernst Deuerlein, Alexander Fischer, Eberhard Menzel und Gerhard Wettig, Köln 1970

A. Seidel (Hrsg.), Die Beziehungen zwischen Deutschland und der Sowjetunion 1939–1941. Dokumente des Auswärtigen Amtes, Tübingen 1949

John L. Snell, Illusionen und Realpolitik. Die diplomatische Geschichte des Zweiten Weltkrieges, München 1966

Wolfgang Wagner, Die Entstehung der Oder-Neiße-Linie in den diplomatischen Verhandlungen während des Zweiten Weltkrieges, Stuttgart ²1959

Gerhard L. Weinberg, Germany and the Soviet Union, 1939–1941, Leiden 1954